세상에서 가장 소중한 나의 연인

_____ 에게

특별한 사랑을 선물합니다.

소중한 연인에게 선물하는 · · · · ·

사 랑 으 로
요리하는 내일

펴낸날 | 2004년 7월 15일 초판 1쇄
지은이 | 이헌건
펴낸이 | 이태권
펴낸곳 | 소담출판사
　　　　서울시 성북구 성북동 178-2 (우)136-020
　　　　전화 | 745-8566~7　팩스 | 747-3238
　　　　e-mail | sodam@dreamsodam.co.kr
　　　　등록번호 | 제2-42호(1979년 11월 14일)
기획 편집 | 박지근 이장선 정지현 가정실 구경진 마현숙 김세희
미　술 | 이성희 김지혜
본부장 | 홍순형
영　업 | 박종천 장순찬 이도림
관　리 | 이영욱 안찬숙 장명자

ⓒ 소담, 2004
ISBN 89-7381-802-3 03810
ISBN 89-7381-803-1 03810 (전2권)
● 책 가격은 뒤표지에 있습니다.

www.dreamsodam.co.kr

소중한 연인에게 선물하는

사 랑 으 로
요리하는 내일

이헌건 지음

소담출판사

사랑에 빠진 사람은 음식의 간을 맞추지 못합니다.

혀까지 사랑에 빠져버려

제 기능을 할 수 없기 때문입니다.

로또, 안녕~

거의 한 달여가 넘도록 로또 복권 당첨자가 나오지 않았던 때가 있었습니다. 예상 당첨금만 수백억 원을 넘었었죠. 나중에 이야기를 들어보니 제 주변에서도 알게 모르게 참 많은 사람들이 복권을 샀다더군요. 어찌됐든 일확천금의 꿈은 누구에게나 공평한 것이니까요.

물론 저도 샀습니다. 사랑스런 아내도, 하루의 대부분을 함께 나누는 직장 동료도, 나를 낳아주신 어머님도 모르게…… . 그리곤 일주일 내내, 혹시 내가 일등에 당첨된다면 그 돈을 어떻게 쓸까 하는 행복한 상상을 하며 밤잠마저 설치곤 했습니다.

먼저 집을 사야지. 아내가 좋아하는 널찍한 텃밭을 갖춘 멋진 전원주택이나 펜션을 하나 사야겠어. 그리곤 차도 바꿔야지. 이름은 잘 기억나지 않지만 옆구리 선이 정말 근사하게 빠진 그놈이 괜찮겠어. 어머니하고 동생네도 빼먹으면 안 돼. 물론 장모님이나 처형, 처남들도…… . 또 언제나 마음속에만 담아두고 있던 많은 시설과 단체들에 기부도 넉넉히 해야지. 그리곤 세계 일주를 떠나는 거야. 책이나 영화에서만 봤던 멋진 곳은 다 둘러봐야지. 참, 요트를 타고 떠나는 것도 괜찮겠다. 타이타닉처럼 멋진 배 위에서 조명에 아른거리는 바다를 바라보며 향긋한 샴페인 한잔!

그러다 문득 세계 일주를 마치고 돌아와서 뭘 할까 하는 데서 그만 생각이 막히고 말았습니다. '돈만 있으면……' 하고 별렀던 그 수많은 일들이 문득 '일회성'이라는 것에 생각이 미치면서 정말 내가 하고 싶은 게 뭘까 고민이 되기 시작했던 거죠.

유명한 외식업 체인점을 낼 수도 있고, 언제나 별렀던 출판사를 할 수도 있을 거예요. 그냥 은행에 넣어 놓고 이자만 받으면서 슬슬 여행이나 다닐 수도 있고…… . 하지만 막상 그 큰돈을 앞에 두고 '내가 하고 싶은 일'을 찾으려니 참 쉽지 않았습니다. 어쩌면 '이루어질 수 없는 꿈'이었기 때문에 쉽게 생각했던 것은 아닌지, '정말 내가 하고 싶은 일'이 있기는 있는 걸까 하는 의심마저 들기 시작했습니다. 설사 로또에 당첨된다 하더라도 정말 행복해질 수 있을까? 덕분에 저는 보기 좋게 '꽝'이 나왔어도 조금밖에 아쉽지 않았습니다. 나중에는 오히려 로또의 행운이 저를 피해 간 게 아니라 제가 로또를 거부한 것 같은 생각이 들더군요.

이 책은, 때때로 정말 내가 원하는 것이 무엇일까를 고민해본 분들과 함께 나누고 싶은 생각들을 모은 것입니다. 하루하루 스쳐 지나가는 일상을 작은 행복으로 바꿀 수 있는 생활의 마법이랄까, 그런 것을 함께 찾아보고 싶었습니다.

주변을 둘러보면, 별다를 것 없는 소소한 일상 속에서 나름대로의 행복을 찾아내는 분들이 참 많습니다. 세상 곳곳에 부처님이 가득하다는 불가의 말씀도 아마 이런 분들을 가리키는 것이겠죠. 바로 이런 분들의 지혜를 조금이나마 빌려보고 싶었는데, 막상 책을 마치고 돌아보니 어설픈 치기들만 가득한 것 같아 민망할 따름입니다. 하지만 이 어설픈 글들이 생의 고비들을 나름대로 헤쳐 나가는 여러분들에게 조그만 힘이라도 된다면, 그나마 민망함을 조금이라도 덜 수 있을 것 같습니다.

남의 것을 탐하지 않고 온전히 자신의 힘으로 세상을 살아가는 이들에게 행복이 깃들기를!

아울러 긴 시간, 짜증내지 않고 끝까지 원고를 기다려준 소담출판사 여러분과 늘 곁을 지켜준 착한 아내에게 감사와 사랑의 인사를 전합니다.

2004년 6월. 이헌건 드림.

지금 타고 있는 차 안이 따뜻하다고 해서
바깥 날씨까지 따뜻한 것은 결코 아니랍니다.
시선을 조금만 바깥으로 돌려보세요.
추운 이웃들의 모습이 보이지 않습니까?

영하 10도 이하로 내려갔다는
방송국 아나운서의 이야기도,
날씨가 갑자기 추워졌으니 내의라도 입고 가라는
어머니의 말씀도
차를 타고 가다보면
벌써 까마득히 잊어버리고 맙니다.
적당히 데워진 차 속에 앉아 있노라면
차창을 통해 들어오는 햇살이
마치 봄볕처럼 따스하기만 합니다.
그러나 내 몸이 따뜻하다고 해서
바깥 날씨까지 따뜻해지는 것은 결코 아닙니다.
조금만 눈을 크게 뜨고
차창 밖을 내다보면
거리를 지나다니는 사람들의
웅크린 어깨가 보입니다.
그리고 그 어깨 사이에서 더욱 웅크린 채

떨고 있는 이웃들의 모습도 있습니다.
내 몸이 따뜻하고 편안할수록
추운 바깥 날씨와 그 속에서 웅크리고 있을
이웃들의 모습을
잊지 않도록 노력한다면
내가 타고 있는 차 속만이 아니라
우리가 살고 있는 이 세상이
조금은 더 따뜻해지지 않을까요?

아름다운 꽃들이 서로 시샘하지 않는 것은
언젠가는 자신의 꽃봉오리도
활짝 피어나리라는 것을 알고 있기 때문입니다.

혹시 함께 일하는 누군가 칭찬을 받으면
배가 아프지 않습니까?
나의 빛나는 재능을 아무도 알아보지 못해
화가 나지 않습니까?
또는 함께 입사한 동기가 나보다 빨리 진급한 이유를
아무리 해도 이해할 수 없습니까?
만일 당신이 바로 그런 사람이라면
자기 자신에 대한 믿음이 참 부족한 사람입니다.
자신의 재능이 언젠가 활짝 꽃피울 것을 믿는다면
나보다 앞서가는 사람, 먼저 칭찬받는 사람을
미워하거나 질투할 이유가 전혀 없습니다.
내일 혹은 모레가 되면
그 영광은 바로 나의 것이니까요.
저마다의 아름다움을 뽐내는 꽃들이
서로서로 다투거나 시샘하지 않는 것은
언젠가는 자신의 꽃봉오리도
활짝 피어나리라는 것을 알고 있기 때문입니다.

'열흘 붉은 꽃 없다'고 했습니다.
큰소리 칠 만한 자리에 있을 때
꽃이 지고 난 후를 생각하세요.

만물은 번성하면 반드시 쇠망하고,
일어남이 있으면 도로 무너짐이 있다.
속히 이루어지면 굳건하지 못하고,
급하게 달리면 넘어지는 예가 많다.

만발하게 핀 동산의 꽃도 일찍 핀 것은 먼저 시들고,
더디게 자라는 산기슭의 소나무는
무성하고 늦도록 푸르다.

타고난 운명은 빠르고 더딤이 있으니
부귀영화를 바라는 꿈은
힘으로 이루기가 어려우리라.

중국 송나라 주자가 만든 어린이 수양서
〈소학〉 중에서

**사사건건 당신과 부딪치는 직장 동료가 있다면
오히려 그에게 감사하십시오.
직장생활을 할 수 있는 힘을 주는 사람이거든요.**

저 먼 동해바다 휘황한 어화(漁火) 속에서
앞날의 운명을 모른 채
세상 밖으로 끌려나오는 오징어들…….
이놈들의 고약한 성격은
모르는 사람이 없을 정도랍니다.
일단 바다 바깥으로 나와 어딘가 갇히기만 하면
제 성질을 못 이겨서 이리 쿵, 저리 쿵,
좌충우돌하다가
스스로 목숨을 잃는 놈이 부지기수라고 하지요.
동해바다에서 건져 올린 이놈들을
전국 곳곳으로 보내자면
절반 이상 떼죽음을 각오해야 하는 게 보통이랍니다.
하지만 이 고약한 놈들을 거의 다치지 않고
운반하는 방법이 있답니다.
오징어의 천적을 함께 넣어서 운반하는 것이죠.
천적을 피해 도망을 다니느라
오히려 삶의 의욕이 불타오른다나요?

천적한테 잡아먹히는 놈이 몇은 있겠지만
싱싱하게 살아서 목적지까지 도달하는 놈이
몇 배는 많아진답니다.
회사 내에서 누군가 당신을
그야말로 '못살게' 군다면
오히려 그에게 감사하십시오.
언제라도 틈만 나면 사표를 던져버리고 싶은 회사,
짜증나고 힘들기만 한 회사 생활에
적어도 뭔가 포인트를 만들어주는 사람이
바로 그이니까요.

**사랑에는 '대충'이나 '적당히'란 없습니다.
상처받기 싫다면 그 혹은 그녀를 꼭 움켜쥐세요.
어설픈 사랑이 상처를 만듭니다.**

들에 나가 놀다 손을 베어서 돌아오는 아이들이
참 많습니다.
지천으로 피어 하늘거리는 들풀에
잘못 손을 댔다 베이는 거죠.
살랑, 바람만 불어도 힘없이 쓰러지는 들풀에도
그런 날카로움이 숨어 있다는 것을
철없는 아이들은 아직 알지 못합니다.
그러나 조금 더 나이가 들고 경험이 쌓이면
날카로운 들풀일수록 꼭 움켜쥐어야
손이 베이지 않는다는 것을 깨닫게 되죠.
사랑 역시 바로 이 들풀과 같습니다.
상처 주기도 쉽고 상처받기도 쉽죠.
'대충' 혹은 '적당히'
사랑을 붙잡으려고 하지 마세요.
상처받기 싫다면 꼭 움켜쥐세요.
어설픈 사랑은 상처를 만들 뿐입니다.

**높은 곳에 오르고 싶다면 목표를 높게 잡으십시오.
주변의 소소한 사람들을 목표로 삼으면
내 자리는 바로 그 위의 자리밖에 되지 않습니다.**

파리를 잡기 위해 대포를 쏘겠습니까?
오리 사냥을 위해 미사일을 동원하시겠습니까?
누가 들어도 웃음거리가 될 일이
실제 생활에서는 의외로 빈번하게 일어난답니다.
어느 모로 보나 남들에게 뒤질 것 하나 없는 사람이
자신이 가지지 못한 어느 하나를 가진 사람을
헐뜯거나 시기하거나 질투하는 일은
파리를 잡기 위해 그물을 던지는 일과 같답니다.
더 높은 자리에 오르고 싶다면
목표를 높게 잡으십시오.
내 주변에 있는 소소한 인물들 혹은 그 자리가
바로 당신의 목표라면,
그곳을 향해 집중 포격을 가하십시오.
하지만 당신의 목표가 훨씬 더 높은 곳에 있다면
쓸데없는 곳에 당신의 화력을 낭비하지 마십시오.
개미도 못 잡고, 새도 못 잡고, 파리조차 못 잡고…….
비웃음거리만 되기 십상이랍니다.

진과 토닉워터처럼 기막히게 잘 맞는 사람이 있는가 하면
입에만 순한 폭탄주처럼
결국은 나를 상하게 하는 사람도 있습니다.

칵테일의 세계는 참 오묘하기 그지 없습니다.

토닉워터처럼

그 자체로는 아무런 맛도 없는 재료가

다른 술과 섞여 기막힌 맛을 이루어내는가 하면

데킬라나 보드카, 럼처럼

그 자체만으로도 독특하고 훌륭한 술들이

또 다른 술이나 음료를 만나

상상도 할 수 없었던 색다른 맛의 세계를

만들어내기도 합니다.

이렇게 만들어지는 수많은 칵테일은

그 재료나 성분, 실력에 따라 급이 달라진답니다.

개중에는 '폭탄주'처럼 되도록 피하고 싶은,

모양만 그럴듯한 유사 칵테일도 있답니다.

함께 일하고, 밥 먹고, 차를 나눠 마시는 사람들…….

그 관계도 칵테일과 꼭 같습니다.

그 자체로는 별 볼일이 없지만

다른 사람의 가치를 한껏 드높여주는 이도 있고,

혼자서도 충분히 훌륭하지만

다른 이들과 어울림으로써 모두 함께

더욱 빛을 내는 사람도 있습니다.

그리고 때로는,

그 자신은 더할 나위 없이 훌륭하지만

함께 어울리는 순간

폭탄주가 되어버리는 이도 있답니다.

지금 하고 있는 일에 10%만 더 노력을 기울여보세요.
전혀 다른 인생을 펼쳐갈 수 있습니다.
'작은 차이가 명품을 만듭니다.'
전자제품만의 이야기는 아니거든요.

살다보면 이런 경우들이 제법 있습니다.
학창시절, 별 볼일 없었던 것 같은 친구가
어느 날 갑자기 TV나 신문 등에
유명인사가 되어 나타나는 일.
인기가수나 탤런트, 스포츠 스타가 되어
나타나기도 하고
아이디어 하나로 떼돈을 번 벤처기업 대표,
맛 하나로 대한민국을 평정한 음식점 주인,
혹은 베스트셀러 작가의 모습으로 나타나기도 합니다.
그래, 저 녀석 학교 다닐 때부터 노래 하나는 끝내줬지.
참 내, 공부하고는 담 쌓고 살던 녀석이…….
에이 씨, 만날 얻어터지던 녀석이 운이 좋아서…….
그들을 보고 느끼는 반응도 천차만별입니다.
그러나 우리가 알든 모르든
그들은 나름대로 많은 노력을 기울여
그 자리에 섰습니다.

우리와 함께 가고 있는 줄 알았던 그 순간에도

사실은 조금씩 다른 길을 가고 있었던 거죠.

무슨 일이든, 막 시작할 때의 차이는 크지 않습니다.

마치 끝없이 이어지는 평행선처럼 다 비슷비슷하지요.

하지만 지구에서의 0.0001도의 차이가

먼먼 우주에서는 수천 킬로미터씩의 차이로 나타나듯

자그마한 차이들이 시간의 무게와 함께

전혀 다른 모습으로 나타나게 되는 것이죠.

자, 지금도 늦지 않았습니다.

현재 하고 있는 일에 10%만, 아니 1%만 더

베스트를 더하십시오.

그 작은 차이가, 커다란 보상으로 돌아옵니다.

달나라에 토끼가 산다는 이야기 들어보셨어요?
호랑이가 담배 핀다는 얘기는 들어보셨죠?
그렇다면 복권 당첨돼서 평생 부자로 산다는 얘기는요?

나라의 경제사정이 어려울수록
복권 판매량이 점점 늘어난다고 합니다.
경마나 경륜, 경정을 하는 사람도 많아지고,
이른바 '하우스' 를 찾는
전문 도박꾼들도 역시 늘어난다는군요.
정선 카지노는 오래 전부터 발 디딜 틈도 없답니다.
차근차근 벌어서, 한푼 두푼 모아서
남보란 듯이 잘살기는 애초에 틀렸다는 걸
일찌감치 깨달았기 때문이랍니다.
그러니 '한방' 을 터뜨리는 것 이외에는
길이 없답니다.
누구는 지난 경마에서 한방에 몇 억을 챙겼다더라.
지난번 정선에서 잭팟 터뜨린 누구도 몇 억이 넘었고,
이번 주 로또 당첨자는 40억인가 50억을 받아갔다.
믿거나 말거나, 실제거나 아니거나
떼돈을 건진 사람들의 이야기는
더 많은 사람들을 '공인된 도박' 의 세계로

모아들이는 현대판 신화입니다.

자, 그렇다면 그렇게 떼돈을 건진 사람들은

지금 어떻게 살고 있을까요?

그들은 그 돈을 가지고 과연

'남보란 듯이' 잘살고 있나요?

글쎄요…….

적어도 지금까지는 그렇게 번 돈으로

정말 '잘살고' 있는 사람은

그렇게 많지 않다는군요.

'대박의 신화.'

어쩌면 달나라 토끼와 똑같은

현대판 신화 아닐까요?

한 달만, 아니 일주일만, 아니 하루라도 푹 쉬었으면…….
하루하루의 생활이 지겹고 따분하고 피곤하다면
퇴직이나 실직으로 푹 쉬고 있는 분을 만나보세요.

80년대의 한때, 『날마다 사표 쓰는 남자』라는 책이
베스트셀러가 된 적이 있습니다.
개발지상주의와 수출지상주의가 판을 치던 당시,
샐러리맨들은 인간이 아니라 거의 기계였죠.
군대식 서열주의와 '상명하복'이
마치 일반회사에서도 당연한 것처럼 받아들여졌습니다.
그런 판이었으니 『날마다 사표 쓰는 남자』는
모든 샐러리맨들의 우상이 될 수밖에요.
그로부터 세월은 흘러 흘러
직장문화는 이제 서구 어느 나라 못지않게
자유분방합니다.
그러나 날마다 사표를 쓰고 싶은 그 심정은
예나 지금이나 변한 것이 없는 듯합니다.
아니꼽고, 더럽고, 메스껍고, 치사한…….
그러니 날마다 사표도 쓰고 싶고
더 좋은 자리가 나면 싹 옮기고도 싶습니다.
그도 저도 아니라면

일주일이고 열흘이고 그저 푹 쉬었으면…….
자, 그럴 때는 죄송한 말씀이지만
주변에 쉬고 계시는 분들을 먼저 만나보세요.
되도록 몇 달 이상 쉬고 계시는 분으로 골라서 말이죠.
특별한 목적이 있어서 쉬는 분이 아니라면
분명히 그렇게 말씀하실 겁니다.
노는 게 더 힘들고, 무섭고, 피곤하다고…….

산을 타는 사람들은 배낭만 봐도 산을 생각하고
꽃을 가꾸는 사람들은
흙만 보면 뭘 심을까 생각합니다.

치과 의사들은 제일 먼저

사람의 입을 쳐다보고

안과 의사들은

사람의 눈을 먼저 봅니다.

건축 디자이너는

아름다운 집에 관심을 보이고

패션 디자이너는

언밸런스한 옷차림을 견디지 못합니다.

어떤 사람의 관심은 곧

그 사람의 직업이나 성격, 인격 등을 나타냅니다.

당신이 주로 하는 생각은 무엇입니까?

미워하거나
싸우는 것보다 더 나쁜 것은
대화가 없는 것입니다.

하늘 높은 줄 모르고 바벨탑을 쌓던 인간들을
응징하기 위해 하느님이 내린 벌은
천둥, 번개도 아니고
불도 아니고, 물도 아니고
인간의 언어를 서로 다르게 하신 것뿐입니다.
하느님의 진노하심에 벌벌 떨던 인간들은
'에게 아무것도 아니네' 하고 안심했죠.
하지만 언어가 다른 인간들의 집합은
그리 오래가지 못했습니다.
말이 통하지 않는 사람들은
작은 일에도 서로 오해하고
반목하고 의심하고…….
아무것도 할 수 없었습니다.
자, 우리 집안을 한번 둘러보세요.
그리고 사랑하는 사람과의 사이가
점점 식어가고 있다면
혹시 서로 다른 종족의 언어로

대화를 나누고 있는 것은 아닌지 생각해 보세요.

대화의 주파수를 맞추는 것,

그것은 사랑의 시작이자 모든 것입니다.

그녀 혹은 그이를 사랑하는 것과
가족을 사랑하는 것.
사랑하는 방법이 달라야겠죠?

남녀간의 사랑에 대한 정의는

딱 사람 숫자만큼 많고 많지만

아무것도 아닌 남자와

아무것도 아닌 여자가 만나서

서로에게 있어 단 하나뿐인 특별한 존재가 되는

어떤 것임에는 틀림이 없습니다.

그러나 가족간의 사랑은

이것과 근본적으로 다릅니다.

남녀간의 사랑이 '선택'에 의한 것이라면

가족은 나의 의지와 상관없이

무조건 주어지는 것이니까요.

출발이 다른 만큼 사랑의 방법도 물론 다릅니다.

남녀간의 사랑은 의지와 선택에 의해 좌우되지만

가족의 사랑은 '무조건'이거든요.

여자를 위해 가족을 버리는 남자도 있고

남자 때문에 집안을 포기하는 여자도 있지만

가족이나 집안은 포기할 수 있는 것이 결코 아닙니다.

다만 그 관계가 잠시 유보될 뿐.

사랑을 위해 모든 것을 버릴

각오가 되어 있는 연인 여러분.

단 하나, 가족만은 버릴 수 없다는 것을 잊지 마세요.

머리를 깎았다고 모두 스님이 아니듯,
긴 머리에 가죽 재킷을 걸쳤다고 해서
모두 로커가 될 수 있는 것은 아니랍니다.

예전에는 머리 깎는다는 말이 곧
'출가' 를 의미하는 말이었습니다.
하지만 오늘날 머리를 깎는 사람은
스님들만이 아닙니다.
파르라니 깎은 머리만 보고
'스님' 이라 믿었다가는
낭패를 볼 수도 있습니다.
또 한때는 긴 장발 머리에 가죽재킷,
반짝이는 금속 액세서리가
로커의 상징인 때가 있었습니다.
하지만 이제 가죽재킷과 금속 액세서리는
누구나 입을 수 있는 유행의 하나가 되었고,
긴 장발머리는 색색의 치장까지 더해졌습니다.
중요한 것은 머리 모양이나
입고 있는 옷이 아니라
목적과 내용입니다.
왜 머리를 깎는지 혹은 기르는지,

가죽옷은 왜 입는지
스스로 규정한 내용과 형식이 일치할 때
스님이 될 수도 있고, 로커가 될 수도 있습니다.
당신의 옷은, 내용을 드러내는
자그마한 형식의 하나일 뿐입니다.
때로는 사람이라는 껍데기마저도⋯⋯.

**한 마리 제비가 왔다고 봄이 온 것이 아니듯,
제비들이 날아가기 시작했다고
여름이 다 간 것은 아니랍니다.**

'한 마리 제비가 봄을 만드는 것은 아니다'
하는 서양 속담이 있습니다.
제비 한 마리가 왔다고 해서
봄이 온 것은 아니라는 얘기죠.
그 반대도 마찬가지가 아닐까요?
제비 한 마리가 강남으로 갔다고 해서
여름이 다 간 것은 아닐 테니까요.
사람이 사는 일도 그렇습니다.
좋은 일이 하나쯤 생겼다고 해서
갑자기 꽃피는 봄날 인생이 시작되는 것도 아니고
슬프고 벅찬 일이 몇 개쯤 생겼다고 해서
갑자기 인생이 가을로 접어드는 것은 아니니까요.
크건 작건, 내 인생 전체를 뒤집을 만한
대형사건이 아니라면
너무 기뻐하거나 너무 슬퍼하지 마세요.
때가 무르익어야 계절이 바뀌듯
실패도 성공도, 때가 있는 법이니까요.

**동화가 동화일 수 있는 것은
현실에서는 좀처럼 일어날 수 없는
일이기 때문이랍니다.**

천덕꾸러기 신데렐라는 마침내 왕자를 만나

결혼을 하고 행복하게 살게 되고,

예쁜 백설공주도 왕비의 음모를 물리치고

사랑하는 왕자님과 결혼식을 올리게 되죠.

콩쥐는 팥쥐와 의붓엄마의 구박을 딛고

아름다운 왕비님이 된답니다.

소공자와 소공녀는

거지처럼, 하녀처럼 살지만

마침내 고귀한 신분을 되찾게 되고

미운 오리새끼는

마침내 아름다운 호수의 백조가 되어

훨훨 날아간답니다.

아무것도 할 필요가 없어요.

단지 착하고 아름답기만 하면!

하지만 동화가 아름다운 것은

'사실' 이 아니기 때문이라는 것을 잊지 마세요.

때로는 다 큰 어른들 중에도

언젠가 찾아올 왕자님을 기다리는 사람,
백조처럼 훨훨 날아갈 날을 기다리는
소공자, 소공녀가 적지 않답니다.

눈물 쏙 빠지도록 아름답고 슬픈 멜로영화를 보고 나서
곧장 연기 자욱한 삼겹살 집으로
직행하는 연인들은 없겠죠?

사랑에는 공식이 있습니다.

수학이나 과학처럼

A, B, C, D로 딱딱 떨어지는 것은 아니지만

꼭 지켜야 하는 몇 가지 룰이 있습니다.

그중 하나가 '분위기의 연결' 이죠.

저녁에 멋진 프로포즈를 준비하고 있다면

액션영화는 절대 사절!

아름답고 슬픈 멜로영화를 보고 나서

고기 굽는 냄새와 담배연기로 왁자지껄한

삼겹살구이 집을 찾을 수는 없는 일이죠.

강변의 야경을 보면서 드라이브를 했다면

은은한 라이브 카페가 제격일 거예요.

그날그날 이렇게 맞는 분위기를 찾듯

그 혹은 그녀와의 마음의 분위기도 맞춰보세요.

하루치의 데이트 코스를 정하듯,

마음의 움직임을 헤아린다면

그리 어려운 일도 아니니까요.

아파트 구조를 확 뜯어고치는 리모델링이 대유행입니다.
하지만 아무리 멋대로 뜯어고쳐도
'내력벽'은 절대 손댈 수가 없답니다.

리모델링을 잘 활용하면

좁은 집을 더 넓어 보이게 할 수도 있고,

집안 한켠에 푸르름 가득한

정원을 만들 수도 있습니다.

때로는 두 개의 방을 하나로 합치기도 하고,

한 개의 방을 두 개로 나눌 수도 있죠.

좁은 집에 사는 사람이건 넓은 집에 사는 사람이건

리모델링은 이제 누구나 한번쯤 생각해볼 정도로

대 인기를 누리고 있습니다.

하지만 아무리 멋대로 뜯어고치는 리모델링이라도

절대로 손댈 수 없는 곳이 있습니다.

그것은 바로 내력벽입니다.

아래윗집의 힘을 지탱해주는 내력벽은

자칫 잘못 손을 댔다가는

아파트처럼 큰 건물도 일시에 무너질 수 있거든요.

사람들도 저마다의 내력벽을 가지고 있습니다.

나이가 들면서 혹은 상황에 따라서

성격이나 옷차림이 바뀌기도 하고,

때로는 성형수술을 통해 외모까지 바뀌기도 합니다.

하지만 무엇을 어떻게 바꾸든

자신만의 내력벽은 손대지 않았으면 좋겠습니다.

그것이 인격이든 사랑이든 혹은 자존심이든…….

**아기의 걸음마 연습을 기다려주었듯이
사랑하는 이가 무언가를 익힐 때까지
참고 기다려주는 것도 사랑입니다.**

초보운전 아내와 베스트 드라이버 남편.
하지만 아내는 남편에게 운전 배우기를
포기하고 맙니다.
운전 교습하다가 싸워서 이혼한 부부가
한둘이 아니잖습니까?
때로는 사소한 접촉사고를 낸 아내에게
불같이 화를 내기도 하고,
운전하는 아내 곁에서 잔소리하느라
입에 침이 마르는 남편들도 적지 않죠.
조금만 더 시간을 가지고 기다려주세요.
당신도 한때는 초보였지 않습니까?
사랑하는 아이가 제대로 걸음을 뗄 수 있을 때까지
뒤뚱뒤뚱 걸음마를 오히려 사랑스러운 눈으로
기다려주었듯이
아내의 운전이 익숙해질 때까지
기다려줄 순 없을까요?
꼭 무엇인가 해주거나 선물하지 않아도

인내를 가지고 기다려주는 것이
바로 사랑일 때도 있습니다.

100% 성공이란 어디에도 없습니다.
어떤 일을 준비할 때는
성공은 물론 실패할 경우까지 함께 준비하십시오.

입사 동기로서 같은 기업체에 근무하던 갑과 을.

두 사람은 구조조정의 한파를 맞이하면서

나란히 새로운 사업을 구상하게 되었습니다.

평소 맡았던 업무도 비슷했고,

재력이나 퇴직금까지도 비슷했던 둘은

6개월여의 꼼꼼한 준비 끝에

똑같은 외식 체인업을 시작했습니다.

꼼꼼한 준비 덕에

두 사람의 사업은 순풍에 돛을 단 듯

날로 번창했습니다.

하지만 예상치 못했던 각종 가축 전염병이 돌면서

갑자기 외식업체에 찬바람이 불기 시작했고,

두 사람의 가게 역시

파리만 날리는 신세가 되었습니다.

그렇게 3개월.

견디다 못한 갑은 눈물을 머금고

가게 문을 닫았습니다.

하지만 을은 잠시의 불황은 있었지만
여전히 짭짤한 수입을 올리고 있습니다.
두 사람의 차이는 단 하나,
갑은 100% 성공을 확신하고 뛰어들었고,
을은 만의 하나라도 실패할 경우를 대비해
본사에서 정해준 메뉴 이외의
또 다른 메뉴를 개발해왔던 것이랍니다.
가축 전염병이 돌지 않았다면,
누구보다 꼼꼼히 준비했던 갑과 을은
남부럽지 않은 성공을 이루었겠죠.
하지만 예상치 못한 불행으로
두 사람의 운명은 갈리고 말았습니다.
100% 성공이란 이 세상 어디에도 없습니다.
진정으로 꼼꼼한 준비는
실패의 가능성까지 미리 준비하는 것입니다.

초원을 질주하는 거대한 타조도
횃대에서 꾸벅꾸벅 졸고 있는 닭도
모두 날개를 가진 새의 한 종류랍니다.

총천연색의 휘황찬란한 날개를 자랑하는 공작새도,
평화의 상징인 비둘기도,
기분 나쁘게 울어대는 까마귀도
모두 날개를 가진 새의 한 종류이죠.
하늘을 제압하며 포효하는 독수리도
아침마다 짹짹짹 시끄럽게 울어대는 참새도
날개를 가지고 있다는 점에서는 똑같습니다.
다만 그 날개를 어떻게 진화시켜서
어떻게 사용하느냐 하는 차이가 있을 뿐.
당신의 날개는 어디 있습니까?
날개를 접어둔 채 신나게 달리고 있습니까?
타고난 아름다운 날개를 자랑하면서
세월을 보내고 있습니까?
낱알 하나, 지렁이 하나에 만족하면서
평화로운 전원의 일상을 즐기고 있습니까?
흩어진 먹잇감을 찾아 아귀다툼을 벌이는
도시의 비둘기처럼 떼를 지어 몰려다니고 있습니까?

혹은, 거대한 날개를 펄럭이지도 않은 채
표표히 하늘을 날고 있습니까?
그것도 아니라면, 날개를 잃어버렸습니까?

산타클로스가 진짜 있냐고 묻는 아이들의 질문에
사실대로 대답하는 천진한 아빠는 없겠죠?
때로는 거짓말이 진실보다 나은 경우가 있답니다.

아이들은 왕성한 호기심을 먹고 자랍니다.

아이는 어떻게 태어나는 거지?

밤은 왜 어두워?

새는 어떻게 하늘을 날 수 있는 거야?

아빠는 왜 서서 쉬를 하고 엄마는 앉아서 하지?

좋은 엄마 아빠는

어떤 질문도 귀찮아하지 않고

하나하나 차근차근 설명해준답니다.

하지만 때로는 말해주지 말아야 할 것도 있답니다.

엄마 아빠는 왜 헤어져야 돼?

부부가 갈라설 때에는

어떤 쪽이든 크고 작은 허물을

몇 개씩은 가지고 있게 마련입니다.

그리고 이 허물들은

상대의 마음속에서는 몇 배씩 큰 허물로

기억되게 마련이죠.

아이들에게 진실 혹은 사실을 숨겨야 할 때는

바로 이때입니다.

내 마음속에 기억되어 있는 상대방의 허물을

어떤 경우에도 말하지 않는 것.

그것이 부모의 갈라섬으로

큰 상처를 입은 아이에게

또 하나의 상처를 남기지 않는

마지막 배려입니다.

그 혹은 그녀가 흔들릴 때
흔들리지 않고 가만히 기다려주는 것.
그것이 바로 그 사람을 되찾는 길입니다.

길을 가다가 앞에서 달려오는
자전거나 오토바이와 딱 마주치는 순간,
누구나 이리저리 피하려고 애를 씁니다.
하지만 이때 사고를 피할 수 있는 가장 좋은 방법은
자전거나 오토바이를 타고 있는 사람
또는 길을 걸어가던 사람 중 한쪽이
그냥 가만히 서 있어 주는 일입니다.
그러면 나머지 한쪽이 알아서 피해가죠.
만일 양쪽 다 피하려고 우왕좌왕하다가는
십중팔구 사고로 이어지고 맙니다.
만일 당신이 사랑하는 그 혹은 그녀가
지금 흔들리고 있다면
일단 당신이라도 제 자리에 가만히 서서
그냥 기다려주세요.
당신까지 우왕좌왕하다가는
오히려 당신이 원치 않는 사고로 이어지기 십상이니까요.

앞으로 가는 것만 배운 운전자는
평생 운전대를 잡아도
도로의 망나니로 남게 됩니다.

언젠가 한 운전자는
여의도의 한강 공원 주차장에서
하루 종일 주차와 후진 연습만 했다고 투덜댔습니다.
그리곤 또 하루 종일 언덕에 차를 세워놓고
밀리지 않는 연습을 했다는군요.
그리고 마지막으로 도로를 다니면서
두 손을 모두 핸들에 올려놓는 습관을
익혔다고 하더군요.
누구한테 배웠는지는 모르지만
그는 지금 10년 무사고 베스트 드라이버로
가족과 도로의 평화를 지키고 있습니다.
돌아보세요.
기계 조작하는 법 몇 가지와
앞으로 가는 것만 배운 채
무작정 도로로 나선 사람들은
자기 자신과 자신의 차는 물론
주변 사람 모두를 고생시킵니다.

무조건 앞으로 갈 줄만 알면 면허를 얻을 수 있고,

남들 정도의 인생은 살 수 있다는 믿음,

그것이 진짜 큰 문제죠.

**모쪼록 건강에 유의하십시오.
모든 것을 잃어도 건강만 잃지 않으면
다시 되찾을 수 있답니다.**

20대 후반의 김모씨.

좋은 대학 나와 번듯한 직장을 가지고 있습니다.

자신을 인정해주는 좋은 친구와 동료,

미래를 함께 할 사랑하는 사람도 있습니다.

하지만 단 한번 잘못 선 빚보증 때문에

손에 쥐고 있던 모든 것을 놓치고 말았습니다.

풀리지 않는 신용불량자의 덫에 빠져 지내는 동안

직장을 잃었고, 차츰 친구들과도 멀어졌습니다.

그리곤 마침내 사랑하는 연인마저 등을 돌리고……

자포자기한 그에게 남은 것은

술과 담배와 인터넷 게임과 복권의 나날들뿐.

지난 설에도 가득 모인 친척들 보기가 부끄러워

슬쩍 빠져나오는 그를 어머니가 불렀습니다.

"얘야, 네 맘은 알겠다만 건강은 잃지 말도록 해라.

네가 가진 걸 다 잃어도 건강만 잃지 않으면

다 되찾을 수 있단다. 넌 아직 젊지 않니!"

모쪼록 건강만은 잃지 않도록 유의하십시오.

**먼저 출발한 기차를
다음 기차로 쫓아가는 사람은
결코 앞차를 따라잡을 수 없습니다.**

세상을 살다보면
꼭 한번은 따라잡고 싶은 사람이
생기게 마련입니다.
일도 잘하고 말도 잘하고 인기도 좋고
게다가 얼굴까지 멋있게 생긴 그!
아무리 노력해도 그를 따라잡을 수가 없습니다.
그러던 어느 날 문득 돌아보면
옷차림이나 말투, 심지어 머리 모양까지
비슷하게 흉내를 내고 있는 '나' 를 발견하게 됩니다.
또는 그를 아는 사람들에게
이런저런 흉을 보기도 하고
그의 약점을 들춰내 보기도 합니다.
하지만 어떤 경우든 남의 흉내를 내는 방법으로는
결코 그를 이길 수 없습니다.
먼저 출발한 기차를 따라잡는 뒤차처럼
그와 비슷해질 수도 없습니다.
진정으로 그를 따라잡고 싶다면

그가 갔던 길, 그가 타고 있는 차가 아닌
새로운 길, 새로운 교통수단을 찾으십시오.
또한 잊지 마십시오.
아무리 기적을 울리고 험담을 해도
앞서간 기차는 결코 멈추거나
돌아오지 않는다는 것을.

두더지는 두더지끼리 혼인하는 것.
그것은 나를 비하하는 것이 아니라
세상에서 가장 잘 맞는 짝을 찾아가는 것입니다.

조선 인조 때의 학자이며 시평가인 홍만종은
자신의 문학평론집 〈순오지旬五志〉에
두더지의 혼인[야서혼野鼠婚]이라는
참 재미있는 글을 남겼습니다.

두더지가 자기 자식을 위하여
문벌이 높은 혼처를 구하고자 했습니다.
처음에는 오직 하늘만이 가장 높다고 생각하여
하늘에게 구혼을 하였습니다.
그러나 하늘은 "해와 달이 아니면
나의 덕을 드러낼 수 없다"고 사양했습니다.
해와 달은 "구름이 나를 가려 버리니,
그가 내 위에 있지" 하였습니다.
그러나 구름은 "바람이 나를 흩어지게 한다"며
사양하였습니다.
바람 역시 "밭 가운데 있는 돌부처만은
불어 넘어뜨리지 못한다" 하며 사양했습니다.

이윽고 돌부처도 말했습니다.

"두더지가 내 발밑을 뚫으면

기울어 넘어져 버리니 그가 내 위에 있지."

돌부처의 이야기를 들은 두더지는

마침내 무릎을 쳤습니다.

"천하의 높은 것이 우리만한 것이 없군."

그리고는 자식을 다른 두더지와 혼인시켰습니다.

두더지가 두더지끼리 혼인을 하는 것은

스스로 비하하는 것이 아니라

세상에서 가장 잘 맞는 짝을 찾아가는 것입니다.

**그와 내가 달려온 길이
서로 다르다는 것을 인정해야
같은 속도로 사랑을 나눌 수 있답니다.**

한참 고속도로를 달리다 시내로 접어들면
잠시 적응이 안 됩니다.
내 딴에는 속도를 맞춘다고 맞춰보지만
답답한 마음은 어쩔 수가 없습니다.
반대로 시내에서 막 고속도로로 접어들면
내 차 때문에 다른 차들이 빵빵 난리가 납니다.
내 딴에는 속도를 내느라 내건만
금방 다른 차들처럼 속도가 나질 않습니다.
남자와 여자로 태어나
각기 다른 집, 다른 환경에서 살아온 사람들이
하나의 운명으로 엮어진다는 것,
이른바 사랑이라는 것은
이렇듯 서로 다른 도로를 달리던 두 개의 차가
하나의 차선에 나란히 선 것과 같습니다.
그러니 속도감이 서로 다른 것은 당연한 일이지요.
하지만 초조해하지 마세요.
조급증만 참으면 금방 속도를 맞출 수 있을 테니까요.

**알몸으로 거울 앞에 서서
자신의 모습을 한번 살펴보세요.
남들이 아는 나와, 나만의 나는 확실히 다르죠?**

때로는 알몸으로 거울 앞에 서서
평소 옷 속에 감춰져 있던 자신의 모습을
차근차근 살펴보세요.
남들이 아는 나와
나만이 아는 나,
남들은 보지 못하는 나의 각 부분부분들…….
자신의 모습을 깊이 마음에 새겨두세요.
남들은 미처 볼 수 없지만
나만의 아름다움이 얼마나 많은데요.
남들이 예쁘다고 하건 못났다고 하건
혹은 날씬하다고 하건 뚱뚱하다고 하건
이리저리 마음 흔들리지 말고
자신의 눈으로 평가한 자신의 아름다움을
굳게 믿으세요.
험한 세상을 살아가는
든든한 힘이 되어준답니다.

**어떤 사람은 그를 멋있다고 하고,
어떤 이는 그를 '왕따'라고 부릅니다.**

서양의 한 나라에서 있었던 일입니다.
국민들에게 꼭 필요한 안건이 올라와
여당 야당 할 것 없이 모든 의원들이
화기애애한 가운데 찬성표를 던졌습니다.
하지만 투표함을 열어보니
딱 한 사람의 반대표가 있었습니다.
반대표를 던진 단 한 사람의 국회의원!
그가 반대표를 던진 이유는
아주 단순한 것이었습니다.
민주주의 사회에 100% 만장일치란 없다는 것을
보여주기 위해서였다는 거죠.
그의 소신 있는 행동은
의회 민주주의를 설명하는 자료로
오늘날에도 때때로 인용되곤 합니다.
하지만 회사나 학교 같은 조직사회에서
그와 같은 일을 하는 사람이 있다면
그는 두말 할 것 없이 '왕따'가 되고 말 것입니다.

소신과 왕따, 혹은 용기와 독불장군의 만용은
딱 종이 한 장 차이에 불과합니다.
그것을 가름해주는 기준은
나 자신이 아니라
나를 둘러싼 환경과 조직사회의 분위기입니다.

**한번 피고 지면 그만인 일년초와
해마다 다시 피어나는 다년초의 차이는
내년을 어떻게 준비하느냐 하는 것입니다.**

양귀비, 프리지아, 나팔꽃, 아스파라거스,

백일초, 코리우스, 베고니아, 페투니아, 맨드라미……

화려하게 피어 우리 눈을 즐겁게 해주지만

1년을 넘기지 못하고 그만 수명을 다하고 맙니다.

반면에 초롱꽃, 백련, 어리연꽃, 라벤더,

페퍼민트, 로즈마리 등은

다음해에도, 그 다음해에도 꽃을 피워 올립니다.

아름다운 자태를 뽐내며 피어 있을 동안에는

어느 꽃이나 다 똑같아 보이지만

서서히 세상과의 연을 다할 때가 되면

일년초와 다년초는 확실한 차이가 납니다.

다년초는 그냥 그대로 자신의 자리를 지키고 섰다가

이듬해 다시 꽃을 피워 올리지만

일년초는 자신의 분신을 세상에 남긴 채

영원한 이별을 고하고 맙니다.

어차피 이듬해를 다시 기약하는 것은 똑같지만

언제나 자신의 자리를 듬직하게 지키는 것과

이리저리 부초처럼 떠돌며
조건과 상황이 되어야만
남의 도움에 의해 비로소 꽃을 피울 수 있는
일년초의 운명은 비교할 수가 없답니다.
내년 이맘때, 나의 자리는 어디일까요?

아무리 돈이 차고 넘치는 사람도
금으로 냄비를 만들진 않는답니다.
사람도 저마다 자신에게 맞는 역할이 따로 있습니다.

음식에까지 금을 입혀서 먹는
정신 나간 졸부들도
자동차 유리창을 금으로 만들지는 않습니다.
아무리 뛰어난 목공도
나무를 깎을 때는 쇠를 씁니다.
호미로 추수를 하는 농부는 세상 어디에도 없고,
세숫대야를 들고 바다로 나가는 어부도 없습니다.
아무리 유명한 청바지라도
수영장 물 속에서는 무용지물이고
주렁주렁 매달린 반지와 귀고리, 목걸이도
엑스레이 촬영할 때는 몽땅 빼야 합니다.
아무리 하찮아 보이는 것도
다른 어떤 것으로 대신할 수 없는
자신만의 용도와 자리가 있고,
아무리 비싸고 귀한 것이라도
여기저기 멋대로 쓸 수는 없습니다.
사람도 저마다 필요한 자리가 있고,

끼어서는 안 되는 자리도 있습니다.
능력과는 상관없이 말이죠.

연말이면 어김없이 등장하는 구세군 자선냄비…….
평소 안 하던 짓을 하려니 쑥스럽고 미안하기도 하죠?
하지만 단 한번이라도 기회가 주어졌음에 감사하세요.

바빠서, 깜빡해서, 어쩌다보니…….
이웃을 돕는 일은 생각처럼 쉽지 않습니다.
마음은 그렇지 않은데
어찌어찌 지내는 동안
어느새 연말이 다가오고
구세군 자선냄비가 거리거리에 등장합니다.
그제서야 잊고 살던 이웃들의 얼굴이 떠오르고
조금이나마 그들을 도와야겠다는 생각이
들기 시작합니다.
하지만 막상 구세군 냄비에 돈을 넣자니
왠지 미안하기도 하고, 쑥스럽기도 하고…….
여기저기서 벌어지는
불우이웃 돕기 행사도 마찬가지.
여간해서는 손이 나가지 않습니다.
하지만 쑥스러워하지 마세요.
1년에 단 한번이라도
남을 도울 수 있는 기회가 왔음을

그나마 고맙고 다행이라고 생각하세요.

그마저 기회를 놓치고 나면

다시 내년 연말쯤이나 되어야

어려운 이웃의 얼굴들이

떠오르게 될지도 모르니까요.

느리게 산다는 것,
말처럼 쉬운 일이 결코 아니랍니다.
생각보다 많은 훈련이 필요한 일이죠.

포근한 휴일.
온 가족이 놀이동산을 찾았습니다.
서둘러 오느라 엄마의 휴대폰을 깜빡했지만
그 정도 일 때문에 집으로 다시 돌아갈 순 없죠.
오랜만의 나들이에
아이들은 물론 엄마 아빠도 신이 났습니다.
얼마나 놀았을까?
아빠는 쉬야가 마렵다는 똘이를 데리고 화장실을 가고
엄마는 솔이와 함께 지친 다리를 잠시 쉬다가
음료수를 사기 위해 매점을 찾았습니다.
그러다 엄마 아빠는 그만 길이 엇갈리고 말았어요.
여기 저기 찾아다니다 보니 길은 더욱 어긋나고,
안타까운 마음으로 뛰어다니기를 거의 두 시간여.
예전에는 흔하기만 하던 공중전화는 보이지 않고,
어쩌다 있어도 카드식 공중전화뿐……
집에 두고 온 휴대폰이
그렇게 아쉽고 그리울 수가 없었답니다.

TV도 끄고, 휴대폰도 두고, 자동차도 두고
느리게 살자구요?
이미 몸에 익어버린 습관을 버리는 일은
말처럼 쉬운 일이 아니랍니다.
정말 편안하게, 느리게 사는 일은
생각보다 많은 훈련이 필요한 일이거든요.

**겨울이 깊을수록 봄이 가깝고
밤이 깊을수록 곧 아침이 밝는 법.**

경제침체의 끝이 어딘지 모른다고 아우성입니다.
불황의 늪은 바닥이 어딘지 모르고,
실업의 그늘은 갈수록 깊어갑니다.
가정경제에 드리운 어두운 그림자는
걷힐 줄을 모르고
불신과 의심의 눈초리는 가실 줄을 모릅니다.
그러나 살 만큼 살아보고
겪어볼 만큼 겪어본 사람들은 말합니다.
'곧 바닥을 칠거야, 기다려 봐!'
겨울이 깊을수록 봄의 향연은 빛나고
밤이 깊을수록 아침 햇살은 눈부신 법.
조금만 더 참고 기다려봅시다.
끝까지 내려가다 보면 언젠가 바닥을 치고
다시 올라올 날이 있을 테니까요.
깊이 내려갈수록
올라오는 시간도 그만큼 걸리지 않겠어요?

'사랑해!'
9. 11 참사에서 세상을 떠난 이가
가족에게 남긴 마지막 인사입니다.

지난 2001년 미국 뉴욕에서 발생한 9.11 참사는
참 여러 가지를 생각하게 해준 큰 사건이었습니다.
삶에 대해, 역사에 대해, 테러에 대해,
종교에 대해…….
그리고 또한 사랑에 대해.
쌍둥이 빌딩이 무너지기 직전까지
건물 안에 있던 사람들은
자신이 가장 사랑하는 사람과
마지막 통화를 하였습니다.
그리고 그 모든 통화의 마지막은
'사랑해'였습니다.
이 세상 그 누구라도
평생 그보다, 그 전화를 받은 이보다
더 절실한 사랑을 할 수 있을까요?
2003년 대구참사에서도
똑같은 일이 많이 있었습니다.
정말 생각하기도 싫은 일이지만,

만일 당신이 그 엄청난 재앙을 당했다면
누구와 마지막 사랑의 통화를 하시겠습니까?
당신의 마지막 전화를 받을 그를,
지금 그만큼 절실하게 사랑해주십시오.

현란하고 아름답지만
추상화처럼 이해할 수 없는 연인보다는
이발소 그림처럼 편안한 연인이…….

그림 전문가들의 말에 의하면
보통 사람들은 집안에
추상화 그림을 걸지 않는답니다.
추상화를 싫어하는 사람은 물론
추상화를 어느 정도 이해한다는 사람들도
평상시 자신과 함께 할 그림은
자신의 눈으로 보고 이해할 수 있는
쉬운 것으로 선택하는 경우가 많다는 거죠.
친구나 연인도 대체로 그렇습니다.
갤러리나 화랑에 들러 그림을 감상하듯
때때로 만나 이야기나 나눌 사람이라면
조금은 난해하고 어려운,
추상화 같은 사람도 좋습니다.
하지만 언제나 함께 할 친구나 연인이라면
만날 때마다 무슨 생각을 하는지,
무엇을 원하는지 고민하고 싶진 않겠죠?

기브 앤 테이크!
오늘날 너무도 당연하게 여겨지는 이 각박한 생활법
칙조차 부모님한테는 왜 지키지 않는 걸까요?

아무리 친한 친구 사이라도
밥값과 술값은 각자 계산하고,
무엇인가 받았으면 그만큼 보답을 해주는
더치페이와 기브 앤 테이크가
오늘날을 사는 현대적 생활법칙 아닌가요?
그런데 왜 부모님한테는
이 얄팍한 규칙조차 지키지 않는 거죠?
짧게는 10년, 길게는 20여 년이 넘는 동안
부모님은 언제나 우리의 든든한 버팀목이었습니다.
먹고, 입고, 자는 것은 물론
학비며 용돈이며 심지어 결혼자금까지…….
그만큼 받았으면
조금은 돌려주어야 하는 것이 아닐까요?

밥을 단번에 두 숟가락씩 먹을 순 없고,
엘리베이터는 한번에 두 층씩 올라가지 않습니다.
아무리 바빠도, 한 번에 하나씩만 잡으세요.

컴퓨터와 인터넷이 발달한 때문인지
혹은 세상이 복잡해져서 그런지
멀티플레이, 멀티플렉스 등등 '멀티'가 유행입니다.
한번에 여러 가지 일을 하고,
영화도 동시에 여러 개를 상영하고…….
컴퓨터를 조금만 할 줄 알아도
대여섯 개 화면은 기본적으로 띄워놓습니다.
하지만 아무리 능력이 출중한 사람도
멀티플렉스 상영관에 걸린 여러 편의 영화를
동시에 볼 순 없겠죠?
수십 개 화면을 띄워놓는다 해도
일을 끝마치는 것은
중요한 것부터 하나씩이거든요.
현대인의 특징 중 하나가
여기저기 벌려놓은 일이 많은 거랍니다.
하지만 아무리 여러 가지를 다 하고 싶어도,
하고 싶은 일이 아무리 많아도,

그럴수록 한번에 하나씩만 하세요.

차근차근 순서를 정해서…….

그것이 오히려 여러 가지 일을

한꺼번에 처리할 수 있는 유일한 방법이랍니다.

**빨리 간다는 건
절약되는 딱 그 시간만큼
놓치는 게 많아진다는 뜻이죠.**

1970년에 개통된 경부고속도로는

대한민국 '고속성장' 의 상징이었습니다.

그리고 끊임없이 건설된

남해고속도로, 중앙고속도로, 서해안고속도로…….

거미줄처럼 뻗어 나간 고속도로는

점점 더 빨리, 원하는 목적지까지

우리를 데려다 줍니다.

이제 어디를 가든

그곳에 이르는 가장 빠른 고속도로를 찾는 것이

당연한 일이 되었답니다.

하지만 단순한 이동이 아니라 '여행' 이라면

굳이 고속도로를 이용할 필요가 있을까요?

시원스레 뻗은 고속도로는

빠르고 편리하긴 하지만

그만큼 포기해야 하는 것도 많답니다.

사람 냄새 폴폴 풍기는 정겨운 시골 마을,

마을마다, 지역마다 달라지는 색다른 풍광,

잔물결 일렁이는 저수지, 색다른 간판,
우스꽝스럽게 서 있는 나무,
담장 너머로 고개를 내민 감나무,
빨래를 널고 있는 아낙, 빨간 지붕의 교회당……
남대문시장보다 복잡한 휴게소 대신
한적한 마을 구판장 앞에 차를 세우고
길도 묻고, 이런저런 세상 이야기도 나누면서
시원한 음료수라도 하나 사서 마시는 게
낫지 않겠어요?
게다가 고속도로를 달리는 것보다
비용도 훨씬 덜 든답니다.

무단횡단을 하는 보행자,
난폭운전을 하는 운전자…….
차를 빼고 생각하면 모두 같은 사람입니다.

끼이이익~.
찢어지는 듯한 파열음과 화난 운전자의 얼굴.
동네 골목길이든 한적한 도로변이든
하루에도 몇 번씩 보게 되는 익숙한 풍경입니다.
그렇게 그냥 지나치기도 하고
때로는 큰 다툼으로 번지기도 하고…….
하지만 차를 타고 있는 사람과
길을 걷고 있는 사람의 입장은 전혀 다르죠.
운전을 하던 사람이나 타고 있던 승객이라면
놀란 가슴을 쓸어내리며 이렇게 말하겠죠.
"아니, 차가 달려오는데 무작정 도로에 뛰어들다니…….
아주 죽으려고 작정을 했구먼!"
하지만 놀란 것은 길을 건너던 사람이나
지나가던 보행자들도 모두 마찬가지랍니다.
"사람 지나다니는 길에서 저렇게 속도를 내다니…….
저 사람, 저거 완전히 살인면허 아냐!"
사실 운전면허 없는 사람 찾기가 쉽지 않은 요즘,

운전자와 보행자가 따로 있는 건 아니죠.

운전을 직업으로 가진 사람조차

일생의 대부분은 '보행자'로서 지내고,

보행자의 대부분은

적지 않은 시간을 '운전자'로 보내게 되니까요.

아무리 화가 나도 조금만 참으세요.

차를 빼놓고 생각하면

운전자와 보행자가 모두 같은 사람이잖아요.

**사랑은 단번에 승부를 내는 복권이 아니라
오랜 세월을 두고 차근차근 쌓아가는 적금입니다.
고운정에다 미운정까지 이자로 덧붙여 온답니다.**

세상이 하도 빠르게 변화하다 보니까

느긋하게 뭔가를 기다리는 게

참 바보같이 느껴집니다.

식당에 앉아 밥을 주문하고

5분을 채 기다리지 못합니다.

2분도 안되는 간격으로 오는 지하철도

언제나 답답하게만 느껴지고,

월급 차근차근 모아서 결혼하고 집을 사는 사람이

희귀종으로 취급되는 세상……

적금을 붓기보다는 복권에 승부를 걸고,

그나마도 일주일 간의 기다림을 참지 못해

또 다시 즉석 복권을 긁어대는 사람들.

하지만 아무리 바쁜 세상이라지만

사랑은 복권이나 증권처럼

단번에 승부를 낼 수 있는 것이 아니랍니다.

싫증나면 금방 돌아설 수 있는 그런 사랑 말고

오래오래 계속될 사랑을 원한다면

차근차근 적금 붓듯이 사랑을 쌓아가세요.

고운정은 물론 미운정까지 이자로 덧붙여 준답니다.

새로운 것을 배우려 하지 않고
그저 주어진 일만 열심히 하는 사람은
자신의 피를 팔아 생활하는 사람과 같습니다.

그리 오래되지 않은 시절,

자신의 피를 팔아 생활하는 사람들이 있었습니다.

피를 판 돈으로 얼마간의 돈을 받아

고기도 먹고, 밥도 사고, 술도 한잔 하고…….

그러다 돈이 떨어지면 또 피를 팔러 가죠.

하지만 그 결과는 누구나 예상하는 대로입니다.

피를 판 돈으로 사 먹는 알량한 식사가

피를 통해 빠져나가는 알찬 영양분을

대신할 수는 없으니까요.

세상을 사는 일도 참 비슷해요.

꾸준히 자기 계발을 하지 않는 사람은

고등학교, 대학교를 거치며 차곡차곡 쌓아온 지식들을

야금야금 빼먹는 사람과 똑같답니다.

설사 태산 같은 지혜를 쌓았다 하더라도

덧붙이는 것 없이 퍼내기만 한다면

그리 오래 가지는 못할 테니까요.

공부할 힘이 남아 있는 동안

무엇이든 열심히 배우고 쌓으세요.

매일 무엇이든 먹고 열심히 피를 만들어내듯이…….

옷을 고르는 기준은 가격일 수 있어도
신발은 발에 맞는 것이 기준이죠.
사람을 고르는 기준도 신발과 비슷하답니다.

구찌, 프라다, 루이비통…….
이름도 찬란한 명품에 목을 매는 사람들은
몸에 걸치는 모든 것의 기준이
브랜드와 그 브랜드에 딸린 가격인 경우가 많답니다.
때로는 내게 조금 안 어울리는 것 같아도
명품이기 때문에 그냥 사버리는 경우도 없지 않죠.
하지만 신발만은 그럴 수가 없답니다.
아무리 자랑도 좋지만
내게 맞지 않으면 신고 다닐 수가 없으니까요.
사람을 고르는 기준도 이와 비슷하답니다.
브랜드나 가격, 디자인보다는
내게 딱 맞는 사이즈,
편안함이 더 중요하거든요.
물론 내게 맞지 않는 명품 신발을
질질 끌고 다니는 사람이라면
사람도 그렇게 고르겠지만요.

당신의 아랫도리까지 훤히 알고 있는
유일한 존재, 가족……
가족에게만은 모든 걸 얘기할 수 있잖아요?

끝이 보이지 않는 카드 빚 때문에
혼자만의 고통을 겪다가
몹쓸 선택을 하는 이들이 적지 않습니다.
때로는 자신뿐만 아니라 주변 사람들마저
똑같은 고통 속으로 빠뜨려버리곤 합니다.
하지만 아무리 산더미 같은 카드 빚도
처음 시작될 때는 대부분
참 어이없을 정도로 미미합니다.
문제는 바로 그 단계에서 혼자 감당하려고 애쓰다가
끝없는 수렁 속으로 빠져버리고 만다는 거죠.
고통과 고민이 시작되는 순간,
망설이지 말고 가족에게 모든 걸 털어놓으세요.
당신의 아랫도리까지 훤히 알고 있는
유일한 존재, 가족……
가족에게만은 모든 걸 얘기할 수 있잖아요?
그것이 문제를 해결하는 가장 빠른 길이자
어쩌면 유일한 길인지도 모를 일이랍니다.

어디에 있든 돋보이는 사람이 있는가 하면
여럿이 함께 어울려 있을 때
아름다운 사람도 있습니다.

졸졸졸 흐르는 냇물과 함께
수십 수백 년의 세월을 견뎌낸
냇가의 조약돌…….
햇빛을 받아 반들반들 빛나는 그 모습은
단번에 눈을 사로잡을 만큼 아름답습니다.
그래서일 거예요.
물놀이를 가면 어른 아이 할 것 없이
조약돌 한 개쯤은 집어오게 마련이잖아요.
하지만 늘 느끼는 거지만
아무리 고르고 골라서 집어 온 조약돌도
막상 집에서 보면 냇가에서만큼 아름답지 않답니다.
수천 수만 개가 한데 어우러져
물과 바람과 함께 놓여 있는 것과
달랑 한두 개가 책상 위에 있는 모습이
똑같을 수는 없는 일이니까요.
때로는 하나만 있어도 아름다운 조약돌이 있듯
혼자 있어도 돋보이는 사람이 있어요.

하지만 우리들 대부분은 한데 어우러져 있을 때에
더욱 아름답게 빛난답니다.
물론 번번이 속으면서도 조약돌을 다시 집어 들듯이
혼자 돋보이려고 끊임없이 노력은 하지만…….

한 해 30만 쌍이 결혼하고
15만 쌍이 이혼을 한다는데…….
혹시 결혼도 이혼도 유행 따라 하는 건 아니겠죠?

지난해 한 통계에 의하면
우리나라에서는 한 해에 30만 쌍이 결혼을 하고
그중 15만 쌍이 이혼을 한답니다.
우리 주변에 있는 사람들 중
절반이 이혼을 한다는 거죠.
오죽하면 요즘은 혼수를 적게 해주는 게
유행이랍니다.
언제 이혼할지 모르니까
미리 조금만 해서 보낸다는 거죠.
그래도 여전히 사람들은
자신만은 영원히 행복할 것처럼
세상 모든 것을 얻은 얼굴로
예식장에 들어섭니다.
하지만 이혼도 유행따라 할 것이 아니라면
결혼을 결정하기 전에 조금만 더 신중해지세요.
1년이나 2년 뒤 이혼할 것이 확실하다면
누가 쉽게 결혼을 하려고 하겠습니까?

모두 자기는 아닐 거라고 믿고 있는 거죠.

50%의 확률은 결코 낮은 것이 아니랍니다.

아무리 사랑하는 그와 함께 빨리 하고 싶어도

더불어 백년해로를 할 수 있다면

몇 달이나 몇 년쯤 더 시간을 두고

정말 꼼꼼히 준비해도 괜찮지 않을까요?

결혼하고 나서야 비로소 깨닫게 되는

그의 새로운 면들까지 미리 살펴본 뒤에 말예요.

웃을 준비가 된 사람은
개그맨의 사소한 손짓 하나에도 폭소가 터지고
눈물이 준비된 사람은
주인공의 사소한 한 마디에도 눈물이 샘솟는답니다.

어느 유명한 개그 프로그램의 방청석.

무대에 등장한 개그맨들의 움직임 하나하나에

객석은 언제나 웃음바다가 됩니다.

프로그램을 즐겨 보지 않는 사람의 눈에는

우습기는커녕 짜증만 나는 장면에서도

방청객들은 터지는 웃음을 참지 못합니다.

심지어 어느 장면에서는 누가 등장하고,

어떤 대사가 이어질지 빤히 알고 있으면서도

기꺼이 폭소와 박수를 보내줍니다.

방청석에 들어서는 순간 그들은

이미 웃을 준비가 되어 있었기 때문이죠.

어느 유명한 가수의 콘서트 현장.

여기서도 사정은 크게 다르지 않습니다.

음악에 대한 이해는커녕

기본음조차 잡지 못하는 뻔한 실력이건만

관중들은 기꺼이 꺄악 꺄악

괴성과 환호를 보내줍니다.

적지 않은 돈을 내고 입장권을 구입하는 그 순간,

이미 감동을 받을 준비가 되어 있었기 때문이죠.

꼬일 대로 꼬인 가족관계에

어디선가 본 듯한 뻔한 스토리 전개……

언제나 비난의 화살을 달고 다니지만

기꺼이 눈물이 준비된 관객은

장면이 바뀔 때마다 한 번씩 눈물을 쏟아줍니다.

기꺼이 눈물을 준비하고 있기 때문이죠.

똑같은 장면을 보고도

웃음이 준비된 사람과 그렇지 않은 사람,

감동 받을 준비를 한 사람과 그렇지 않은 사람,

기꺼이 눈물을 흘릴 수 있는 사람과 그렇지 않은 사람은

확실히 다른 반응을 나타낼 수밖에 없습니다.

매일매일의 일상을 어떻게 받아들이느냐 하는 것도

어떤 자세를 미리 준비하고 있느냐에 따라

달라지는 것 아닐까요?

내게 자상하지 못한 남편을 타박하는 나,
하지만 올케에게 자상한 오빠도 못마땅하죠.
역시 여자의 적은 여자인 것인가요?

하루가 멀다 하고 술에 절어서 들어오는 남편.
평생 설거지 한 번 도와주는 법 없고
일요일에는 허리가 휘도록 잠자기 바쁩니다.
철 따라 싼 옷이라도 하나씩 마련해서
곱게 차려 입고 문화센터도 다니고 싶고,
맛있다고 소문난 식당에도
때때로 가보고 싶은데…….
아무리 참고 살자 다짐을 하건만
순간순간 곱지 못한 소리가 튀어나오는 것은
어쩔 수가 없습니다.
내 마음이 그래서일까요?
같은 전업주부인데도 가끔 외식도 다니고
동사무소인가 어디서 영어를 배운다는 올케가
괜히 미워집니다.
"여자는 저렇게 길들이면 안 되는데…….."
문득 오빠에게 충고라도 해야겠다는 생각이 듭니다.
아니, 이게 아닌데…….

역시 여자의 적은 여자인 것인가요?

오늘 저녁에는 올케에게 전화해서

오빠를 휘어잡은 비법이라도 물어봐야겠어요.

흙을 파낸 자리는 무엇으로 채우든
같은 모습으로 복원하기 어렵습니다.
누군가를 마음에서 들어내기 전에
신중하게 생각하십시오.

나무를 심거나 혹은 수도를 새로 묻기 위해

때로는 보도블록을 새로 깔기 위해

여기 저기 땅을 파헤칩니다.

참 신기한 것은

분명히 한 자리에서 파낸 흙이지만

다시 그 자리를 메우려고 보면

어느새 엄청나게 늘어나 있는 것입니다.

특히 오래 다져진 땅일수록

같은 자리를 메우기가 더욱 힘이 들게 마련입니다.

그 때문에 이렇게 파내어진 흙을 전문으로 받아주는

그런 곳들도 성업을 하고 있답니다.

우리 마음속도 매한가지예요.

누구든, 내 마음속에 있던 사람을 비워내고 보면

그가 차지하고 있던 자리가 얼마나 큰지

대번에 티가 납니다.

겉보기에는 한 뼘도 안 될 것 같은 그의 자리가

얼마나 많은 것들로 가득 채워져 있었는지
스스로도 깜짝 놀라곤 합니다.
게다가 한번 비워버린 그를
다시 마음속에 심는 건 얼마나 힘든 일인지…….
아무리 애를 써서 꾹꾹 눌러 채워보지만
그와 함께 했던 시간의 흔적들은
이미 내 마음속에 다시 채울 수가 없게 됩니다.
흙이든 사람이든,
오랫동안 지켜왔던 자리를 비워내기 전에
신중하게 생각하십시오.
어쩌면 너무나 소중했던 것들을
다시는 채울 수 없을 테니까요.

다른 사람보다 조금 나은 조건을 가졌다는 것이
최고의 자리를 보장해주는 것은 아닙니다.
때로는 그것이 도태의 원인이 되기도 하죠.

외국의 한 통계에 의하면
얼굴과 몸이 남보다 나은 사람이
그렇지 못한 사람보다 잘 살 확률은
대단히 높은 것으로 나타났습니다.
가요계나 영화계 등의 연예계뿐만 아니라
일반 비즈니스에서도 마찬가지입니다.
어쩌면 당연한 일인지도 모릅니다.
사회생활에 첫발을 내딛는 면접에서부터
예쁘거나 잘났거나 늘씬한 사람은
뭘 해도 잘할 것 같은 착각을 주는 게 사실이니까요.
하지만 분명히 기억해야 할 사실은
어떤 분야든 남보다 나은 조건을 가졌다는 것이
곧 최고의 자리를 보장해 주는 것은 아니라는 거예요.
얼굴이나 몸이 재산이라는 연예계에서조차
가장 최고의 자리를 차지하고 있는 이는
얼짱이나 몸짱이 아니라
그들을 통제하고 컨트롤하는 다른 사람들이거든요.

문제는 현실이 주는 달콤함에 안주하는 것이랍니다.
남보다 잘난 것 하나만 가지고도
얼마든지 안락한 생활을 영위할 수 있으니
굳이 아등바등 애를 쓰지 않게 되는 거죠.
일부 어떤 사람의 경우에는
그런 유리한 조건들이 오히려
도태의 바탕이 되기도 합니다.
잊지 마세요.
출발선은 조금 차이가 날지 모르지만
내가 원하는 바로 그 자리에 오르는 길은
조건이 아니라 실력이라는 사실을…….

세상이 달라지기를 진정으로 원한다면
세상을 향한 그 날카로운 시선으로
자신의 가족들도 살펴보세요.

인터넷이 활성화되면서
정치적인 인구가 무척 늘어났습니다.
혹자들은
네티즌이 세상을 바꾸고 있다고 말합니다.
하지만 실제 우리가 살아가는 사회는
피부로 느껴질 만큼 바뀌지는 않은 듯합니다.
혹시 그 이유가
인터넷의 익명성 뒤에 숨어
날카롭기 그지없는 비평을 날리는 수많은 사람들이
자신 혹은 자신의 가족들에게만은
지나치게 관대한 때문이 아닐까요?
부동산 투기가 나라를 망친다고 개탄하는 사람도
자신이 살고 있는 아파트 값이
내려가는 것은 원치 않을 거예요.
아파트 값이 내려가지 않도록
부녀회원들과 담합행위를 하는 어머니,
누가 옳고 그른지 대략 짐작은 하지만

그래도 '지역'을 무시할 수 없다는 아버지,
세금이 국민의 의무인 것은 알지만
먹고 살자니 어쩔 수 없다며 신고액을 슬쩍 빼먹는 삼촌,
코딱지 같은 교사 월급으로 어떻게 사냐며
부모들이 내미는 촌지 봉투를 거절하지 못하는 이모,
노동자들 인간 취급 제대로 해주면 회사 망한다며
외국인 노동자들을 막 대하는 고모부…….
언론에서나 인터넷을 통해서는
지탄받아 마땅한 일들이
사실은 우리 주변 어디서나
벌어지는 일상사일 뿐입니다.
진정으로 세상이 바뀌기를 원한다면
세상을 향한 그 날카로운 시선을
나와 내 가족, 그 주변을 향해 돌려보세요.
나와 우리 가족만 바뀌어도
세상은 정말 몰라보게 달라진답니다.

돈을 아끼는 사람과 쓸 줄 모르는 사람,
사랑을 아끼는 사람과 사랑할 줄 모르는 사람······.
구두쇠와 수전노는 전혀 다른 사람이랍니다.

흔히 구두쇠와 수전노는 같은 뜻으로 많이 쓰지만
실제로는 전혀 다른 의미를 가지고 있답니다.
재물을 억척같이 모으는 것은 똑같지만
구두쇠는 필요할 때가 되면 돈을 쓰고,
수전노는 어떤 경우에도 돈을 쓰지 않는 거죠.
한마디로 구두쇠는 돈을 아껴 쓰는 사람이고
수전노는 돈을 쓸 줄 모르는 사람입니다.
세상이 어려울 때일수록
구두쇠의 지혜는 사랑을 받지만
어떤 경우에도 수전노는 인정받지 못한답니다.
재물이나 돈뿐만 아니라
사람을 사랑하는 일에도 수전노와 구두쇠가 있습니다.
사랑하지만 그 표현이 서툰 사람,
사랑을 조심조심 아끼는 사람이 있는가 하면
사랑하는 방법을 아예 모르는 사람도 있습니다.
사랑의 표현을 펑펑 헤프게 해대는 사람도 문제지만
수전노처럼 끝내 마음의 문을 열지 못하는 사람도

딱 그만큼 큰 문제입니다.

부디 사랑의 구두쇠가 되십시오.

쓸데없이 사랑을 남발하지 않고 잘 모아두었다가

꼭 필요할 때 아낌없이 쓸 수 있는 사랑의 구두쇠…….

수십 수백 명의 단원들이 땀 흘려 연주할 때
지휘자가 하는 일은 그저 손을 흔드는 것뿐입니다.
하지만 겉으로 보이는 것이 전부가 아니랍니다.

점심을 먹으러 가면 두 시간은 기본,
일을 하는지 안 하는지 모르는 간부들 때문에
열심히 일하는 직원들의 사기는
뚝뚝 떨어지곤 합니다.
수많은 중기들이 굉음을 울리며 돌아가는
공사현장에서도 하는 일이 도대체 뭔지
모르겠는 사람이 적지 않습니다.
때로는 허구한 날 놀고 먹는 것 같은 데도
나보다 훨씬 많은 연봉을 받는 친구 때문에
은근히 속이 상하는 일도 있습니다.
'아무리 봐도 일은 나 혼자 열심히 하는 것 같고,
다른 사람들은 그저 손만 까딱까딱하는 것 같은데
왜 그들은 나보다 더 많은 돈을 받는 거지?
하지만 알 만한 사람들은 알고 있습니다.
그저 손만 흔드는 것 같은 오케스트라의 지휘자가
아름다운 선율을 만들어내기 위해 흘리는 땀은
수십 수백 명 단원의 땀에 못지않다는 것을.

놀고 먹는 것 같은 회사 간부들이
요소요소의 인재 배치와 원활한 흐름을 위해
얼마나 수많은 노력을 기울이고 있는가를.
눈에 보이는 것이 전부는 아니잖아요?

진정한 자유란
뭐든지 할 수 있는 자유와
아무것도 하지 않을 자유까지…….

여행의 방법은 참 여러 가지가 있습니다.
똑같이 주어진 날짜에
이곳저곳 여러 곳을 둘러보는 사람도 있고
한두 곳만 둘러보고 푹 쉬는 사람도 있습니다.
혹은 펜션이나 통나무집을 찾아
아무것도 하지 않고
푹 쉬다가 오는 사람도 있습니다.
진정한 자유란 이런 여행과 비슷합니다.
내가 원하는 것을 이것저것 해볼 수도 있고,
한두 가지만 골라 집중적으로 할 수도 있고,
때로는 아무것도 하지 않는 것까지
그 모든 것이 자유로워야 합니다.
하지만 때때로 우리는
'아무것도 하지 않을 자유'를
망각하고 사는 건 아닌지 모르겠습니다.
뜻하지 않은 여유시간이 주어졌을 때,
잠시나마 내 맘대로 할 수 있는 자유가 주어졌을 때

무엇인가를 해야 된다는 조급함 때문에
아무것도 하지 않아도 좋을 아까운 시간을
쓸데없이 소모해버린 기억은 없는지…….
게다가 아무것도 하지 않을 자유를
누리고 있는 타인에게
무엇인가 하도록 강요하고
압력을 가한 기억은 없는지…….
다시 한번, 잊지 마세요.
아무것도 하지 않는 것 역시 자유랍니다.

'바쁘다 바빠'를 입에 달고 사는 사람에게
해줄 수 있는 가장 소중한 충고는
능력 있는 사람은 결코 바쁘지 않다는 것입니다.

바쁜 사람이 참 많이 늘어났습니다.
매일 무엇 때문에 그리 바쁜지
친구나 이웃은 물론
가족들조차 얼굴 보기가 어려울 정도입니다.
경제가 어려울수록
바쁜 사람은 능력 있는 사람이고,
모임이나 집안의 경조사에서도
조금씩 예외를 인정받기도 합니다.
하지만 정말로 능력이 있는 사람은
얼굴조차 보여주기 어려울 정도로
바쁘지 않습니다.
진정한 능력이란
자신이 맡은 업무뿐만 아니라
인간에 대한 예의까지
제대로 지키는 것이거든요.
'바쁘다 바빠'를 입에 달고 살면서
인간으로서 지켜야 할 것들을 유보하는 사람은

절반의 능력밖에 갖추지 못한 사람이거나

혹은 '바쁘다' 는 것을 핑계로

다른 사람에게는 말하고 싶지 않은

자신만의 도락을 몰래 즐기는 사람일 거예요.

의식하지 못한 작은 실수 하나 때문에
이미지를 망쳐버리거나
소중한 사람을 잃어버릴 수도 있습니다.

대중음식점의 경영 컨설팅 항목 중
빠지지 않는 것이
화장실의 청결입니다.
화장실의 이미지가 곧
음식점의 이미지와 직결된다는 것을
잘 알고 있기 때문입니다.
하지만 어떤 섬세한 경영 컨설턴트는
화장실의 청결만이 아니라
문턱까지 신경 써야 한다는 충고를 합니다.
술을 마신 고객이 혹시라도 문턱에 걸려
휘청거리거나 넘어지기라도 한다면
그 작은 기억 하나 때문에
그 집을 기피할 확률이 그만큼 높아진다는 거죠.
사람 사이의 관계에서도 이 충고는 필요합니다.
옷차림이나 화장, 머리 모양에 이르기까지
참 많은 것을 신경 쓰는 사람도
때로는 예기치 않은 작은 실수 때문에

공들여 쌓아온 이미지를 망치거나
소중한 사람을 잃어버릴 수 있습니다.
식당 주인이 미처 생각지 못한 실수가
문턱에서 나온다면
사람이 미처 생각지 못한 실수는
'입'을 통해 나온답니다.

능력 있는 사람이 곧 훌륭한 사람은 아니듯
아름다운 집에 사는 사람이
곧 아름다운 가족을 의미하는 것은 아니랍니다.

머리로는 알고 있지만
눈 때문에 속는 일이 한두 가지가 아닙니다.
그럴 듯하게 포장된 상품이
더 값비싸고 좋아 보이는 것처럼
잘 차려 입은 사람에게 먼저 눈이 가는 건
어쩔 수 없는 일인 것 같습니다.
하지만 능력 있고 잘난 사람이라고 해서
반드시 훌륭한 사람은 아니듯
아름다운 집에 산다고 해서
그 가족이 모두 아름답거나
행복한 사람은 아니랍니다.
행복을 찾는 방법은 참으로 많지만
좋은 아파트에 멋진 인테리어는
행복을 위한 아주 작은 조건의 하나일 뿐이랍니다.
좋은 집을 사거나 꾸미기 전에
가족의 행복을 찾는 방법을 먼저 찾아보세요.
'내 집'을 마련한다는 것은

온 가족을 위해 참 소중한 일이지만
그 과정에서 잃어버리는 것은 없는지
'내 집'과 '행복'을 맞바꾸고 있는 것은 아닌지
다시 한번 돌아보세요.

먼 여행일수록 돌아오는 길이 지겹고 힘들기 마련이죠.
돌아오는 길이 지루하고 힘들게 느껴진다면
애초에 먼 여행은 떠나지 말아야 합니다.

인터넷이나 신문, 방송을 굳이 보지 않더라도
여행은 이제 우리 일상의 하나가 된 것 같습니다.
주말 고속도로는 늘 막히게 마련이고
이름난 명승지는 적지 않은 사람으로 북적댑니다.
하지만 아무리 도로가 막혀도
떠나는 길은 언제나 활기에 차 있습니다.
비록 인파에 떠밀려 다닐지라도
여행지에 대한 기대감에 꽉 차 있으니까요.
문제는 여행에서 돌아오는 길입니다.
아이들은 어느새 잠이 들고
운전하는 사람이건 곁을 지켜주는 사람이건
길고 긴 귀갓길에 지쳐 있기는 마찬가지입니다.
때로는 너무나 짜증스럽고 힘들어서
다시는 여행을 떠나지 않으리라 결심도 해봅니다.
하지만 높디높은 산일수록
올라가는 길보다 내려오는 길이 더 힘들고 지루하듯,
길고 먼 여행일수록 돌아오는 길이

힘들고 지루하기 마련이랍니다.
내려오는 길의 지루함과 피곤이 싫다면
등산을 포기해야 하듯
돌아오는 길의 짜증이 싫다면
애초에 여행을 떠나지 말아야죠.
무엇이든 즐거움을 누린 뒤에는
그만큼 지루하고 힘든 뒤처리가 필요하답니다.
성대한 만찬일수록
설거지거리가 더욱 많은 것처럼…….

내가 그를 얼마나 사랑하는지
혹은 그를 얼마나 미워하는지
간단하게 알 수 있는 방법이 있답니다.

누군가를 사랑하게 되었다면
찬찬히 앉아서
그를 사랑하는 이유를 하나하나 적어보세요.
당신이 적어놓은 사랑의 이유,
바로 그 숫자만큼이 당신 사랑의 깊이입니다.
설사 첫눈에 반했다 하더라도,
그래서 그와 단 한마디 대화조차 나누지 못했어도
그를 사랑하는 마음이 진정이라면
열 가지 정도는 단숨에 적을 수 있을 거예요.
혹시 누군가를 미워하게 되었다면
그를 미워하는 이유를
하나하나 적어보세요.
그 숫자만큼이 바로
당신 마음에 새겨진 미움의 크기입니다.
아무 주는 것 없이 그냥 미운 사람이란 말은
우리가 우리 자신을 속이는
수식어일 뿐이랍니다.

정말 그를 미워하는 이유를
열 가지도 적을 수 없다면
사실은 그를 미워하는 것이
아닐지도 모른답니다.
대부분 수백 가지 이유도
금방 적을 수 있거든요.

어떤 일이 정말 하기 싫을 때는
그 일이 끝난 이후에 주어질
달콤한 휴식을 기억하십시오.

〈쇼생크 탈출〉의 주인공 앤디 듀프레인⋯⋯.
20여 년의 감옥 생활 끝에
쇼생크를 탈출한 그가 느끼는 자유의 맛은
그 얼마나 달콤했을까요?
혹은 수십 번의 탈옥 시도 끝에
마침내 바다에 뛰어든 빠삐용의 심정은⋯⋯.
그들이 맛본 그 황홀한 자유의 맛은
인내와 고통과 기다림의 시간이 길었기 때문에
더욱 달콤했을 거예요.
혹시 내 앞에 주어진 일이 너무나 지루하고
때로는 고통스럽기까지 한 일이라면,
그 일이 끝난 뒤에 주어질
달콤한 휴식을 생각하세요.
어렵고 지루하고 힘든 일일수록
더 짙게 다가올 그 행복한 휴식의 시간을⋯⋯.
지금 내게 주어진 일을 포기한다면
그 행복하고 달콤한 시간은

결코 가질 수 없을 거예요.

게다가 그 일이 없어지는 것도 아니잖아요?

'일' 의 감옥에 갇힌 채

형기가 끝날 때까지 기다리거나

그 지루한 감옥을 탈출해서

달콤한 자유를 되찾거나,

선택은 바로 나의 것이랍니다.

"우리 부부는 결혼하고 한 번도 안 싸웠어요~."
이런 부부 사이가 오히려 더 위험합니다.
무관심보다 무서운 사랑의 적은 없거든요.

언제나 생글생글 웃고 다니는 미시족 김 여사.
그녀는 언제나 모임의 주인공입니다.
누구보다 시간도 많고, 금전적인 여유도
비교적 넉넉합니다.
특히 무엇보다 좋은 것은
스케줄에 구애받지 않는다는 것이죠.
그녀는 언제나 자랑합니다.
"우리 부부는 너무너무 호흡이 잘 맞아. 척 하면 서로
무엇을 원하는지 다 알지. 그러니까 상대방이 하는 일
에 서로 간섭하지 않아. 그만큼 잘 알고, 서로 믿거든.
그러니 부부싸움할 틈이 없어."
역시 언제나 생글생글 웃고 다니는 아줌마족 박 여사.
그녀 역시 언제나 모임의 주인공입니다.
시간도 별로 없고, 금전적 여유는 그보다 더 없지만
시원시원한 성격으로 뭐든지
척척 잘 해치우는 편이거든요.
특히 그녀의 인기는 거침없는 말솜씨 때문에

더욱 높답니다.

그녀는 언제나 남편의 흉을 봅니다.

"이 인간이 툭하면 술이야. 벌어다주는 것도 없으면서 술값은 어디서 나는지……. 그 화상이 지난번에는 단란주점에 갔다가 아가씨 전화번호를 손바닥에 적어가지고 왔더라구. 한바탕 했지. 그랬더니 요즘은 술도 잘 안 먹고, 일찍일찍 잘 들어와. 그래봐야 며칠이나 갈지 모르지만 말이야……."

두 부부의 미래는 굳이 설명할 필요가 없겠네요.

대화가 바탕에 깔리지 않은 믿음은 헛되다는 것,

그보다는 차라리 대판 싸우는 게 낫다는 것을

우리 모두 잘 알고 있으니까요.

**가진 것 없는 사람들이 담장을 높이 쌓지 않듯
감추거나 숨길 게 없는 사람은
마음의 담장을 높이 쌓지 않습니다.**

높은 담장에다 폐쇄회로 카메라,
커다란 개도 모자라 무인경비시스템까지
갖춘 집이 적지 않습니다.
그렇게까지는 아니지만 어지간한 집안이라면
보조 자물쇠나 체인 고리는 기본입니다.
흉악범들이 날뛰는 세태를 생각하면
그 정도 방범의식은 꼭 필요한 일일 테지요.
하지만 세태가 아무리 바뀌어도
가진 것이 많은 사람일수록
담장이 높아지는 건 똑같습니다.
예나 지금이나 잃어버릴 게 별로 없는 사람은
문단속에 크게 신경을 쓰지 않거든요.
사랑이나 인생도 비슷한 것 같아요.
숨기거나 감출 게 별로 없는 사람,
사랑까지 모두 주어버린 사람은
마음의 담장을 결코 높이 쌓지 않습니다.
더 이상 잃어버릴 게 없으니까요.

비즈니스든 친구든 혹은 사랑이든
단번에 모든 것을 다 건지려고 하지 마세요.
인생길도 사랑의 길도 생각보다는 길거든요.

요즘에야 법으로 정해서 규제를 하지만
예부터 우리 선조들은
그물을 촘촘히 짜지 않았습니다.
어린 물고기까지 마구 잡아들이다가는
얼마 못가서 물고기의 씨가 말라버린다는 것을
잘 알고 있었거든요.
현명한 어부가 그물을 촘촘히 짜지 않듯이
비즈니스든 친구든 혹은 사랑이든
단번에 모든 것을 다 건지려고 하지 마세요.
자본이든 우정이든 사랑이든
두고두고 가꿔나갈 싹은 남겨 둬야죠.
당장 그의 모든 것을 가지는 것도 쉽지 않지만,
혹시나 그의 모든 것을 갖게 된다면
그 관계는 결코 오래 가기 어렵거든요.
더 이상 발전할 여지가 없기 때문이죠.

조바심을 없애고 길게 호흡하기,
먼저 생각하고 행동하기…….
그렇게 어려운 일만은 아닙니다.

예전에 어떤 소설가 선생님은 제자들에게
다른 작가의 장편소설을
토씨 하나까지 모조리 베껴 쓰도록 시켰습니다.
요즘처럼 컴퓨터가 있는 것도 아니고
몇날 며칠이고 소설의 처음부터 끝까지
진종일 붙어 앉아 글을 베끼는 제자들은
너도 나도 마음속으로 불평을 쏟아내곤 했습니다.
가르쳐 달라는 소설 쓰기는 안 가르쳐주고
초등학생처럼 남의 글이나 베끼고 있으라니,
화가 날 만도 한 일이었죠.
하지만 그렇게 수련을 쌓은 제자들은
알게 모르게 새로운 것을 배우게 되었습니다.
책상에 오래 앉아 있기,
단편소설과 장편소설의 호흡의 차이,
조바심 내지 않고 긴 글을 쓰는 법…….
모름지기 글의 좋고 나쁨을 떠나
장편소설을 쓰는 자세만은 확실히 배운 것입니다.

휙휙 돌아가는 세상살이에 눈이 어지럽다면,
너도나도 이야기하는 '느림'을 실천하고 싶다면
장편소설 두어 개쯤 골라 끝까지 베껴보세요.
너무나 산만한 아이 때문에 고민이라면
혹은 책상에 붙어 앉으려 하지 않는 아이에게도
꽤나 효과적이랍니다.
시간과 정성만 투자하면
그리 어렵지 않은 일이랍니다.
게다가 돈도 들지 않으니까
꼭 한번 시도해보세요.

남자는 여자를 사랑하고,
여자는 남자를 사랑한다.
이것도 혹시 일종의 편견 아닐까요?

몇 년 전 남자 탤런트 H씨가
과감한 커밍아웃을 단행했을 때,
사람들이 보여준 반응은 참 갖가지였습니다.
일단 놀랍다는 것은 다 똑같았지만
충격과 분노를 느꼈다는 사람에서부터
잘했다는 격려의 반응에 이르기까지
참 다양했지요.
때로는 참 안 됐다는, 연민의 반응도 있었습니다.
하지만 우리들의 반응이야 어찌 되었든
일부 여론에 밀린 그는
결국 브라운관을 떠나야만 했습니다.
그리고 세월을 훌쩍 넘어 2003년.
놀라운 일이 벌어졌습니다.
하리수라는 이름의 트랜스젠더가
법원의 공식적인 허락을 받고
진짜 여성으로 인정을 받은 것입니다.
H씨와 하리수, 그들은 무엇이 다른 걸까요?

혹시 다른 것은 그들이 아니라

그들을 재는 우리들의 잣대가 아닐까요?

아무리 백과사전이 옆에 있어도
국어사전이나 영어사전이 더 필요할 때가 많이 있듯
자신의 분야에 정통한 사람이 꼭 필요한 법이랍니다.

흔히 유능하다는 말은
어떤 일을 맡기든 제대로 해낼 수 있다는
뜻으로 오해되기 쉽습니다.
실제로 사회생활을 하다보면
이것저것 재주가 많은 사람이
우대를 받는 것도 사실이구요.
하지만 아무리 커다란 백과사전이 있어도
국어를 공부할 때는 국어사전이 더 유용하고
영어를 공부할 때는 영어사전이 더 필요하듯이
자신의 분야에 정통한 진짜 전문가가
더욱 필요한 분야가 훨씬 많이 있답니다.
백과사전처럼 아는 게 많은 사람은
직장이나 친구들 사이에서 분명히 인정을 받지만
꽃만 아는 사람 혹은 별만 아는 사람이
더욱 인정받는 곳이 많습니다.
일도 잘하고 상식도 풍부하고 유머감각도 있고…….
그 모든 것을 갖추느라 애쓰는 시간에

오히려 평소 관심 있는 분야에 더욱 매달려보세요.

인생의 성공은 주변의 인기가 아니라

깊이에서 승부가 나는 법이거든요.

사랑하는 이가 떠나려 할 때,
그를 붙잡기 위해 할 일이 있다면
기다리지 말고 지금 그렇게 하세요.

어느 비즈니스 컨설팅 전문가는

유능한 사원이 회사를 떠나기 전에

그에게 최선을 다해주라는 충고를 했습니다.

흔히 유능한 사원이 사표를 내게 되면

회사에서는 새로운 제안을 내놓습니다.

연봉 인상에다 새로운 부서 혹은 직책······.

물론 대부분의 경우 그 사원은

모든 제안을 뿌리치고

결국 회사를 떠나고 맙니다.

그가 사표를 낼 때까지

기다릴 이유는 하나도 없습니다.

그가 회사에 꼭 필요한 존재라는 것을 인정한다면

지금 이 순간 그의 연봉을 올려주고

그에게 합당한 새로운 직책이나 부서를 주는 것이

훨씬 이익이 아닐까요?

사람이 떠날 때도 참 비슷합니다.

'이별'이라는 말이 입 밖으로 나오는 순간부터

몸과 마음과 머리는 참으로 분주해집니다.
잘못한 일이 무엇이 있었던가 돌이켜 후회하고
용서를 빌며 떠나지 않도록 애원합니다.
하지만 그때까지 기다릴 필요가 있을까요?
그가 내게 원하는 것이 있다면
혹은 내가 그에게 불편을 주는 게 있다면
지금 바로 바꾸는 게 옳지 않을까요?
그가 떠나기 전에 말예요.

리모컨 하나만 있으면 척척 움직이는 세상…….
하지만 그 속을 전혀 모른 채 쓰기만 하다가는
언젠가 심하게 당할지도 모른답니다.

몇 년 전만 해도 꿈으로 생각했던 일들이
이제 현실로 나타나고 있습니다.
눈으로 움직이는 컴퓨터 마우스,
알아서 척척 음료수를 가져다주는 로봇,
말만 하면 알아서 운전해주는 자동차…….
하지만 아무리 편리한 물건도
그 속을 대충은 알아야 제대로 쓸 수 있습니다.
작동 원리조차 제대로 모르면
조그만 이상이 생겨도 사람을 불러야 하고
때로는 아주 망쳐버릴 수도 있거든요.
어느 집에나 있는 컴퓨터의 경우에도
정말 별것 아닌 일 때문에
시스템 전체를 날려버리는 일까지 있답니다.
물론 기계나 시스템만의 문제는 아니죠.
내 부탁이라면 뭐든지 들어주는 친구도
내 말 한마디면 불속에라도 뛰어들 후배도
백년해로를 약속한 부부라 해도

속마음은 전혀 헤아리지 않은 채
그저 내 편한 대로만 만난다면
생각지도 못한 일 때문에
관계 전체가 깨어져 버릴 수도 있습니다.
응급처치도 못한 채
속수무책 지켜보기 싫다면
최소한 그의 시스템 매뉴얼만이라도
익혀두도록 하세요.

눈높이를 조금만 바꿔 보세요.
때로는 높게, 때로는 낮게.
세상이 바뀝니다.

어느 유명한 영화의 한 장면.
선생님은 수업을 하다 말고
책상 위에 올라가 앉습니다.
그리고 아이들에게 묻습니다.
"내가 이 위에 올라온 이유를 아는가?"
물론 아이들은 아무런 대답도 하지 못합니다.
선생님은 자신의 입으로 답을 말합니다.
"내가 이 위에 올라 온 것은
세상을 다른 각도로 보기 위함이야."
물론 책상 위에 올라가 앉는다고 해서
선생님의 이야기처럼
세상이 다른 각도에서 보이는 것은 아니겠죠.
하지만 수업시간에 책상에 올라간다는 그 자체로
아이들의 시각은 분명히 달라지기 시작했습니다.
세상을 보는 눈높이를 한번씩 바꿔보세요.
때로는 키를 낮춰서,
때로는 키를 높여서,

때로는 옆 사람하고 같이,
때로는 앞뒤 사람하고도 다르게…….
분명히 세상이 다르게 보일 거예요.
다르게 보는 만큼 세상이 바뀝니다.

요즘 아이들이 집 안에서만 놀려 하고
밖으로 나가지 않는 이유는
필요한 모든 것이 집 안에 다 있기 때문이랍니다.

간단한 게임기부터 인형이나 로봇,
컴퓨터에 이르기까지
아이들의 장난감은
좋은 것이 참 많기도 합니다.
심지어 살아 있는 강아지와 똑같이
말도 하고 애교도 부리는
로봇 강아지도 있죠.
그러니 굳이 밖으로 나가서
다른 친구들과 어울릴 필요가 없답니다.
집 안에서 혼자 놀아도
얼마든지 재밌게 놀 수 있으니까요.
하지만 장난감이 이처럼 많아지고 좋아질수록
아이들의 상상력은 더욱 빈곤해지고
더불어 사는 방법을 배울 기회는
점점 줄어들게 됩니다.
어릴 때 가지고 놀던 장난감들을 떠올려보세요.
구슬치기, 딱지치기, 비석치기, 술래잡기……

돌멩이나 딱지 하나만 있어도

혹은 아무것도 없어도

밥 먹는 시간마저 놓칠 정도로 재밌게 놀았잖아요.

'친구' 만 곁에 있으면

정교하게 잘 만들어진 장난감 같은 건

하나도 부럽지 않았답니다.

혹 우리의 아이들과 마찬가지로

우리도 '장난감' 에 너무 빠져 있지는 않은지…….

그래서 내가 갖지 못한 어떤 것을 가진 사람을

부러워하고 질시하지는 않는지…….

호흡이 잘 맞는 친구만 하나 있다면

세상 어떤 장난감도 부럽지 않을 텐데 말예요.

떠나버린 기차가 늘 아름답게 기억되는 이유는
떠나버린 연인이 더 아름다운 이유와 똑같습니다.
미처 손대보지 못한 데 대한 아쉬움 때문이죠.

낚시꾼들이라면 누구나
살짝 손맛만 보여주고 달아나버린
월척에 대한 전설을 가지고 있습니다.
길을 나서보았던 사람이라면
떠나버린 기차에 대한
아름다운 추억을 가지고 있을 것이고
사랑이라는 이름의 열병을 앓아본 사람이라면
떠나버린 연인에 대한 애틋한 아쉬움을
가지고 있게 마련입니다.
놓친 물고기는 언제나 월척 이상이고,
내가 놓쳐버린 기차에 대한 기억은 늘 아름다우며
떠나버린 연인은 지금의 연인보다 더 아름답습니다.
미처 손대보지 못한 데 대한 아쉬움 때문이겠지만,
굳이 밝힐 필요는 없는 일이잖아요?

첫사랑을 다시 보고 싶으세요?
조심하십시오.
자칫 소금기둥이 되어버릴 수도 있으니까요.

세계적인 관광지인 이스라엘의 사해에는
사람 모습 같은 거대한 소금기둥이 서 있습니다.
이것이 바로 그 유명한 '롯의 아내' 입니다.
구약시대 아브라함의 조카인 롯은
소돔성에 머물던 중에
하느님의 심판을 받게 됩니다.
이때 조카를 사랑하는 아브라함의 간구 덕분에
롯과 그의 가족들은 다행히
그 심판을 면할 수 있게 되었지요.
하지만 한 가지 단서가 붙어 있었답니다.
절대로 뒤를 돌아보지 말라는
천사의 명령이 있었던 거죠.
이 지엄한 명령에도 불구하고 롯의 아내는
두고 온 소돔성이 너무나 궁금해서
뒤를 돌아보았다가
결국 소금기둥이 되고 말았답니다.
이후부터 세속의 욕심에 연연해하는 사람,

과거의 연에 매여 헤어나지 못하는 사람을
흔히 롯의 아내, 소금기둥에 비유하곤 했답니다.
당신의 첫사랑이 어찌 사는지 궁금하시죠?
하지만 조심하십시오.
자칫 과거를 돌아보았다간
소금기둥이 되어버릴 수도 있답니다.
다시 예전처럼 참을 수 없는 사랑의 불이 붙어서
혹은 너무나 실망해서…….

**인터넷이 세상을 바꾸고 있습니다.
하지만 인터넷이 할 수 없는 일은
여전히 많습니다.**

세상을 바꾸는 인터넷의 힘은
가히 혁명적이라 해도 과언이 아닙니다.
컴퓨터와 인터넷만 있으면
세상의 어느 곳에 있든
누구와도 연결할 수 있고
원하는 모든 것을 찾을 수 있죠.
가히 모든 것이 가능하다고 할 정도입니다.
하지만 의외로 인터넷은
바로 그 엄청난 정보와 검색 능력 때문에
치명적인 결함을 가지고 있답니다.
체계적인 학습이 어렵다는 점이죠.
'정보의 바다' 속에서 건져내는 수많은 정보들은
애초의 체계나 튼튼한 구조를 잃어버리고
'단순한 정보의 나열'로 전락해버리곤 합니다.
책의 향기 그윽한 서재나 도서실에서
글자 하나하나까지 따져가면서 천천히,
단계적으로 학습된 이론과

인터넷 속을 떠도는 검증되지 않은 정보는
애초에 비교할 수가 없답니다.
'그거 신문에 났던 거야' 하면
무조건 사실로 믿었던 옛날 어른들처럼
'인터넷에서 봤어' 하면
무조건 사실이라 믿는 그런 사람은 없겠죠?

웃음과 행복과 슬픔과 불행은
백신이 없는 강력한 바이러스입니다.
누군가 걸리면 즉시 전염되는….

'사랑과 재채기는 숨길 수 없다' 는
서양 속담이 있습니다.
아무리 감추려고 해도 티가 난다는 얘기겠죠.
웃음과 행복, 혹은 슬픔과 불행 역시
아무리 감추려 해도 드러나게 마련이에요.
게다가 강력한 전염성까지 가지고 있답니다.
한 사람이 웃으면
곧 두 사람, 세 사람이 웃게 되고
한 사람이 눈물을 흘리면
곧 많은 사람이 눈물을 흘리게 됩니다.
그래요.
기쁨은 나누면 두 배가 되고
슬픔은 나누면 절반이 된다고 했으니
마음껏 웃고, 눈물을 흘리고 슬퍼하세요.
하지만 때로는 다른 사람의 입장을 생각해서
조금 절제하거나 아끼는 것도 괜찮아요.
때로는 생각없는 웃음 한 번으로

엉뚱한 상대에게 피해를 줄 수도 있고
괜한 눈물 한 방울로
함께 있는 사람들의 분위기를
싸늘하게 식혀버릴 수도 있으니까요.
재채기는 참기 어렵지만
웃음이나 눈물은 조금씩 감출 수 있잖아요?
아무리 강력한 바이러스라도
내 안에 머물고 있을 동안에는
다른 사람에게 피해를 주진 못할 거예요.

**일엽편주든 호화유람선이든
이미 강을 건넌 사람에게는
아무 소용이 없답니다.**

불가에서 흔히 진리에 이르는 길을 얘기할 때
'강을 건넜으면 배를 버려라' 합니다.
강을 건넌 뒤에도
자신이 타던 배를 끌고
육지로 올라올 사람이 과연 누가 있을까요?
내가 배운 모든 것들
나를 둘러싼 모든 것들은,
심지어 나의 마음까지도
'인생' 이라는 강을 건너기 위해 필요한
하나의 '배' 일 뿐입니다.
강을 건넌 다음에는 당연히 버려야 할…….
뛰어난 무인이나 바둑의 고수,
혹은 어떤 분야에서든 일가를 이룬 사람들은
한결같이 말합니다.
강을 건넜으면 배를 버려라!
학교에서 배웠던 수많은 공식들,
무예에 입문하면서 배웠던 수많은 품새들,

바둑의 정석 혹은 판소리의 창법……
그 수많은 것들이 바로 우리가 타고 건넌
'배'였던 것입니다.
지금 우리가 해야 할 일은
기초와 상식과 관습의 배를 끌고 다니면서
강 위에 머무는 것이 아니라
나만의 길, 나만의 영역으로 건너가기 위해
새로운 배를 마련하는 것입니다.

**복잡한 여성의 속마음을 제대로 알 수 있다면?
하지만 〈왓 위민 원트〉의 남자 주인공은
그 능력을 잃어버린 뒤에야 비로소 행복을 찾았답니다.**

2001년 초, 참 재미있는 영화가 하나 소개되었습니다.

〈왓 위민 원트 What women want〉.

한마디로 '여성들은 무엇을 원하는가' 정도 되겠죠.

멜 깁슨이 한때 끝발 날리던

광고 기획자 닉으로 나와서

참 대단한 코믹 연기를 보여주었답니다.

자신의 승진 기회를 빼앗아간 여인 달시를 향한

그 끝없는 도전…….

그러다 그는 우연한 사고로 인해

여성의 속마음을 읽게 되는 능력을 가지게 되죠.

마침내 기회를 잡은 그는

자신의 새로운 능력을 십분 발휘하고

마침내 회사에서는 달시를 해고하기로

결정하게 됩니다.

실제로 여성들이 속으로 원하는 것이

'이 남자 괜찮군, 같이 한 번 자볼까?'

하는 따위의 것인지 아닌지는 모를 일이지만

자신의 속마음을 속속들이 알아주는 남자에게는
깜빡 넘어간다는 사실만은 명확한 듯합니다.
하지만 그것만이 사랑과 행복의 모든 것은 아니죠.
속마음을 뻔히 알면서 이를 자기에게 유리하도록
이용하는 것보다는
잘 몰라도 진심으로 대해주는 남자에게
결국은 마음이 끌리는 법이니까요.
또, 때로는 속마음을 아예 모르는 것이
더 나을 때도 있는 법이거든요.
영화 속의 닉과 달시가
해피엔딩을 이룰 수 있게 된 것도
닉이 그 능력을 잃어버린 뒤의 일이 아닙니까?

한결같은 태도로 사람을 대하면,
'내가 전에 이 친구한테 뭐라 그랬더라?' 하며
이것저것 계산할 일이 없습니다.

때때로 그런 사람이 있습니다.
나한테 한 이야기와
또 다른 친구에게 한 이야기가 서로 다른…….
때로는 나한테 한 이야기조차
달라지는 경우도 있죠.
대체로 이런 사람들은 머리회전이 빠르고
세상을 살아가는 처세도 비교적 능란합니다.
덕분에 조금씩 달라지는 이야기를
쉽게 들키지 않고 잘 넘어갑니다.
하지만 아무리 머리회전이 빠르고
임기응변에 능하다 하더라도
만나야 할 사람이 점점 많아지고,
처신 자세를 바꿔야 할 경우가 늘어나면서
조금씩 사람들에게 본색이 드러나기 마련이죠.
그리곤 결국 자신이 쌓아놓은 성 안에서
스스로 몰락해가게 되죠.
우리들 대부분은 애초부터

그런 뛰어난 머리를 지니지도 못했고

그만큼 뛰어난 임기응변을 가지지도 못했습니다.

그러면서도 어설픈 흉내만은 열심히 내려고 합니다.

마치 그것이 세상을 사는 지혜라도 되는 양.

그냥 있는 대로 대하세요.

모자라면 모자란 대로, 모르면 모르는 대로…….

만만한 친구든 깐깐한 친구든

항상 똑같이 대하세요.

그럼 복잡하게 머리 쓸 일이 없어진답니다.

그렇게 남는 시간에 다른 일을 하는 것이

훨씬 효율적이지 않을까요?

**불특정 다수를 위한 날씬한 몸매 대신
나 자신의 가뿐한 삶을 위해
다이어트를 하는 건 어떨까요?**

전 세계 다이어트 시장은
규모를 헤아리기조차 어려울 지경이에요.
우리나라도 당연히 예외는 아니죠.
다이어트에 목숨을 거는 사람들의 모습은
'몸보신'에 목숨을 거는 아저씨들에 비해
전혀 뒤질 게 없을 정도랍니다.
하지만 잘 알려져 있다시피
실제로 살을 빼야 할 정도의 비만은
생각보다 많지 않습니다.
그럼에도 거의 모든 여성이
다이어트에 매달리는 것은
매스컴에서 만들어내는
강박관념 때문이 아닐까요?
지나친 비만 때문에
꼭 살을 빼야만 하는 사람이 아니라면
적지 않은 부작용까지 감수하면서
쓸데없는 다이어트에 매달리지 말고

마음의 군살을 빼는 데 신경을 써보세요.
삶의 자신감을 되찾는 길이
육체적으로 '몸짱' 이 되는 것만은 아니잖아요?
마음의 군더더기를 없애고
언제 어느 때든 가뿐하게 움직일 수 있도록
머리를 맑게 비우는 일…….
어쩌면 삶의 자신감을 되찾는 방법은
바로 이것일지도 모른답니다.

마술은……
그것을 믿는 사람에겐 마술이 되고,
믿지 않는 사람에겐 단순한 기술일 뿐입니다.

귀 뒤에서 동전이 튀어나오고
우산 속에서 비둘기가 날아갑니다.
아무것도 없는 빈 보자기 속에서
빨간 장미꽃이 피어나기도 하고
사람을 공중에 띄우기도 합니다.
언제 보아도 마술의 세계는
그저 신기할 뿐입니다.
하지만 나이가 들어
마술의 실체를 조금씩 알게 되면서
마술을 보는 눈이 달라집니다.
마술을 마술로 보는 것이 아니라
'어떻게 눈속임을 하는 걸까?
하며 기술로 보게 되는 것이죠.
말하자면 마술은
그것을 믿는 사람에겐 말 그대로 마술이지만
의심의 눈으로 보는 사람에겐
정교한 기술에 불과하게 됩니다.

하지만 정작 마술사 본인에게는
결코 그것이 '기술'일 수 없습니다.
자신의 마술을 스스로 믿지 못하면
그는 마술사가 아니라 기술자가 되고 마니까요.
누가 뭐라든, 누가 어떻게 쳐다보든
자신의 존재를 스스로 믿는 것,
그건 참 중요한 일이랍니다.

**기념할 일도 많고 선물할 일도 많은 시대…….
날짜 기억하기도 쉽지 않지만
선물 고르기는 정말 어렵죠.**

만난 지 100일 혹은 500일,

그가 나에게 처음으로 메일을 보내준 기념일,

학력고사 보기 100일 전…….

기억해야 할 날들이

얼마나 많은지 모를 일입니다.

게다가 발렌타인데이나 화이트데이, 로즈데이…….

일년 열두 달을 다 털어봐도

하루라도 그냥 넘어갈 수 있는 달이 없습니다.

그러다보니 선물 사는 일도 쉬운 일이 아니지요.

비용도 비용이려니와 '감각'도 있어야 하거든요.

무슨 날만 다가오면 인터넷 쇼핑몰과

꽃배달 전문점, 선물 백화점 등을

뒤지느라 난리가 납니다.

하지만 정말 마음에 드는 선물을 하고 싶다면

미국 작가 오 헨리의 〈크리스마스 선물〉을

꼭 한번 읽어보라고 권하고 싶군요.

선물은 돈이나 감각이나 멋으로 하는 게 아니라

마음으로 하는 것이라는 사실을
정말 아름답게 보여주거든요.

남자도 여자를 보고 여자도 여자를 봅니다.
남자는 자신의 여자와 비교하기 위해,
여자는 자신과 비교하기 위해…….

어쩌면 세상은 우리 생각과 달리
여자를 중심으로 돌아가고 있는지 모릅니다.
남자든 여자든, 길을 가다가 쳐다보는 것은
대부분 여자니까요.
심지어 함께 길을 걸어가던 한 쌍의 남녀가
또 다른 한 쌍의 남녀를 만났을 때에도
남자와 여자는 모두 여자만 쳐다봅니다.
남자는 자신의 여자와 비교하기 위해,
여자는 자기 자신과 비교하기 위해…….
그리고 생각합니다.
'음, 저런 여자도 괜찮겠군. 자기 스타일이 있어.'
'아니, 저따위 여자가 어떻게 저런 남자와…….
정말 남자가 아깝군. 적어도 나 정도는 돼야지.'
확실히 세상은 여자를 중심으로 돌아가는 모양입니다.

그릇이 클수록 많은 것을 담을 수 있듯
마음이 클수록 많은 사랑을 담을 수 있습니다.
어떤 사랑이냐에 따라 모양은 제각각이지만…….

그릇매장에 들러보면

참 다양한 종류의 그릇이 있습니다.

어디에 쓰이느냐에 따라

크기나 모양이 제각각인 그릇들이

저마다 아름다움을 뽐내고 있죠.

사랑을 담는 내 마음의 그릇도

참 여러 가지로 나뉘어집니다.

아이를 위한 그릇,

친구를 위한 그릇,

사랑을 위한 그릇,

부모님을 위한 그릇…….

그 모든 것이 바로 내 마음입니다.

같은 브랜드에서 나온 그릇이

저마다 크기나 모양은 달라도

일정한 컨셉을 갖고 있어야 아름답게 빛나듯

각각 다른 사랑을 담는 내 마음 역시

나름대로 통일성이 있어야

아름답게 빛날 수 있답니다.

들쭉날쭉 제멋대로 만들어진 것은

그릇이든 마음이든

제대로 대접을 받지 못하는 법이지요.

녹은 쇠에서 나왔지만 그 쇠를 먹어치웁니다.
탐욕과 이기심 역시 우리의 마음에서 나왔지만
우리 마음을 녹슬게 합니다.

자동차든 기계든
쇠로 만든 모든 것은
녹과의 전쟁이 그 운명입니다.
분명 그 자신 속에서 나온 것이지만
결국 자신을 먹어치워 버리는
무서운 놈이니까요.
마음의 녹 역시 마찬가지입니다.
탐욕이나 이기심, 질투, 시기…….
나를 해치는 이 무서운 놈들은
외부에서 주어진 것이 아니라
바로 내 마음속에서 자라난
마음의 녹입니다.
게다가 녹은 한번 슬기 시작하면
이어져 있는 다른 쇠붙이까지
몽땅 못쓰게 만든다는 것을 잊지 마세요.
당신의 마음을 해치운 뒤에는
곧 다른 사람의 마음까지 녹슬게 하거든요.

그리고 또 하나 잊지 말아야 할 것은
녹은 처음 발견되었을 때 그대로 방치하면
끝없이 퍼져 나간다는 사실이에요.

고기잡이를 떠나면서
배를 채워서 떠나는 바보는 없겠죠?
뭔가 채우고 싶다면 먼저 비우세요.

무엇인가 가득 차 있는 가방에는
더 이상 아무것도 담을 수 없습니다.
무엇인가 꽉 차 있는 마음이나 머릿속에도
아무것도 담을 수 없습니다.
뭔가 채우고 싶다면 먼저 비우세요.
고기를 잡으러 떠날 때는 배를 비우고
사람을 만날 때는 마음을 비우세요.
공부를 시작하기 전에는 머리를 비우고
사랑을 나눌 때는 나를 버리세요.
열심히 채우고, 또 버리세요.
그래야 또 열심히 새로운 걸
채울 수 있으니까요.

사업의 성공을 위해 가장 먼저 해야 할 일은
고객의 마음을 읽는 일.
사랑을 위해 해야 할 일은 그의 마음을 읽는 일.

크든 작든 사업을 하는 사람들은

고객의 마음을 읽기 위해

참 많은 노력을 기울입니다.

상품의 디자인이나 내용을 바꾸기도 하고

인테리어를 바꾸기도 합니다.

고객의 요청이 있으면

한밤중에 마다하지 않고 달려가는 경우도

종종 생기곤 하지요.

하지만 사업상의 고객보다

더 중요한 당신의 그 사람을 위해

그만한 노력의 10분의 1이라도 기울여 봤는지요.

함께 만나 영화 보고, 차 마시고,

밥 먹고, 술 마시고…….

마치 한 번 보고 말 뜨내기손님 대하듯

판에 박은 듯한 무성의의 연속입니다.

부부싸움이든 애정다툼이든

그 시작은 대체로 아주 작은 일들입니다.

만일 고객의 마음을 읽으려 애를 쓰듯
사랑하는 이의 마음을 읽으려 애쓴다면
세상에 다툴 연인은 아무도 없을 거예요.
나보다 먼저 내 마음을 알아주고
설사 조금 섭섭한 일이 있어도
알아서 다 수정해주는데
도대체 다툴 일이 뭐가 있겠어요?
당신의 사랑을 위해
단골손님을 대하는 정성을
조금만 나눠주세요.

**고급차가 빛나는 이유는
누군가 관리해주는 사람이 있기 때문이죠.
하지만 내 차를 관리하는 건 나 자신이에요.**

도로를 미끄러지듯 달리는 고급 승용차들은
한결같이 번쩍번쩍 빛이 납니다.
비가 왔건 눈이 왔건 상관없이
언제나 깨끗하게 손질이 되어 있습니다.
대체로 운전기사가 따로 있고
차고 역시 실내인 경우가 많으니
어쩌면 당연한 일인지도 모를 일입니다.
물론 운전기사도 따로 없고
번듯한 실내 차고도 없는 내 차는
내 스스로 닦고 관리해야 합니다.
하지만 다른 사람들은
기사가 닦아주었는지 내가 닦았는지
혹은 세차장에 맡겼는지
차이를 두지 않습니다.
그저 눈에 보이는 대로 평가할 뿐.
어떤 일이든 조건을 따지는 건 나 자신뿐입니다.
나를 바라보는 사람들에겐

내 뒤에 있는 나쁜 조건 같은 건
거의 보이지 않습니다.
설사 보인다 하더라도
평가에 반영되는 일은 드물지요.
조건 따지지 말고 스스로 관리하세요.
차든 사람이든 혹은 상품이든.

한솥밥을 먹고 한 이불을 덮고 잔다는 것…….
그만큼 가까운 관계가 또 어디 있을까요?
때때로 한 이불 덮고 자는 이벤트를 만들어보세요.

핵가족이 본격적으로 진행되기 전에는
'가족'이란 대개 한 지붕 아래 살면서
한솥밥을 먹고 한 이불을 덮고 자는
그런 관계를 의미하는 것이었습니다.
하지만 오늘날의 가족은
밥도 따로 먹는 경우가 많고
더구나 이불은 각자 따로따로
심지어 방도 따로 쓰는 경우가 많습니다.
그러면서 '가족'의 개념도
조금씩 엷어져 가고 있습니다.
때때로 다른 가족들과 한 이불을 덮고 자는
작은 이벤트를 만들어보세요.
여행을 떠나도 좋고,
아이 방으로 이불을 가지고 가도 좋아요.
바빠서 이야기 나눌 틈도 없었던 형이나 언니
혹은 삼촌 방에 이불을 가지고 가도 좋겠죠.
그렇게 때때로 한 이불을 덮고 자면서

소곤소곤 지난 일도 이야기하고

발장난도 치고, 이불 뺏기 다툼도 하다보면

잊고 살던 감정이 새록새록 되살아나지 않을까요?

**돼지저금통을 뜯을 때의 기쁨은
그 액수의 많고 적음에서 오는 것이 아니라
차곡차곡 모아진 '여유'에서 오는 것이랍니다.**

담배 한 개비도 아쉽던 시절,

어떤 친구는 새 담배를 뜯으면

꼭 두어 개비씩 장롱 밑에다 던져버리곤 했습니다.

그렇게 여유가 있을 때 던져둔 담배들은

언젠가 담배 살 돈마저 아쉬울 때

아주 요긴하게 쓰이곤 했지요.

또 TV에 나왔던 어떤 이는

동전이 잡히는 대로 장롱 밑에다 던졌답니다.

그리고 이사를 갈 때 챙겨보니

제법 큰 액수가 되어 있어서

이사 가는 데 제법 도움이 되었답니다.

그렇게 장롱 밑에 담배나 동전을 던져 넣듯

자선냄비에도 돈을 넣고

친구에게도 선심을 쓰고

그런 인생의 여유를 가져보세요.

그 힘든 세월 속에서도

담배 한 개비, 동전 한 개 던져 넣을

그런 여유는 있었잖아요.

이렇게 모아진 여유가

언젠가 몇 배의 기쁨이 되어 돌아온답니다.

마치 오랜 시간 동안 모은

돼지저금통을 뜯을 때처럼……

엄마나 아빠 혹은 아들이나 딸에게 화가 났다면
잠들어 있는 그의 평화로운 모습을 잠시 살펴보세요.
그것이 바로 그의 원래 모습이니까요.

잠들어 있는 모습을 보세요.

아무것도 나타나지 않은 평화로운 얼굴.

미움도 증오도 아픔도 상처도 없는 얼굴.

그것이 바로 그의 참모습입니다.

낮에 다툴 때 그가 보여준 모습은

그의 본래 모습이 아니랍니다.

잠시 욱 하는 감정에 사로잡혀

마음에도 없는 소리를 마구 쏟아내고

지난 일까지 들춰내어 내 마음을 아프게 했지만

그건 그의 본심이 아니었답니다.

이제 그는 낮에 했던 자신의 행동을 반성하면서

고요히 잠들어 있습니다.

지금 그에게서 그 무서웠던 얼굴을

찾아볼 수 있습니까?

이제 낮에 있었던 일은 잊고

평화로운 그의 모습만 기억하세요.

내일 아침 당신보다 일찍 일어난 그도

당신의 잠든 모습을 보면서
오늘의 일을 잊을 테니까요.

나 자신도 모르는 나의 모습이
다른 사람에게는 오히려 매우 익숙한
그런 모습일 수도 있답니다.

우연히 집어든 친구의 사진첩 속에서
오래된 나의 얼굴을 발견하는 때가 있습니다.
내가 이런 사진도 찍었던가 싶을 정도로
생소한 표정과 옷차림, 낯선 모습의 나…….
하지만 그 친구에겐 나의 그런 모습이
오히려 자연스러울 거예요.
사진첩에서나마 자주 보는 모습이니까요.
이렇게 예상치 못한 각도에서 잡힌 사진처럼
내게는 나도 알지 못하는 모습이 제법 있답니다.
막상 찍어놓으면 내게는 생소하지만
다른 이들에게는 자연스러운 그런 모습…….
그래요.
어쩌면 내가 알고 있는 내 모습은
진짜 내 모습이 아닐지도 모릅니다.
녹음기에서 흘러나오는 내 목소리가
마치 남의 것인 양 어색하듯
내가 기억하는 것과는 전혀 다른 어떤 것,

그것이 내 모습일지도 모른다는 거죠.

그러니 가끔 주변 사람에게 물어보세요.

내 본 모습은 어떤 것이냐고.

**사랑하는 그에게
나의 모든 짐을 떠맡겨 놓고
승용차처럼 운행할 수는 없지 않겠어요?**

지하철이나 버스보다는

승용차나 택시가 아무래도 빠르고 편리하죠.

게다가 내 맘대로 어디든 갈 수 있잖아요.

하지만 원래 성능만 따진다면

지하철이나 버스도

그리 뒤떨어지는 편이 아니랍니다.

다만 여러 사람이 이용할 수 있도록

정해진 코스만 다니면서

중간중간에 자주 서다보니

내 맘대로 갈 수도 없고

속도도 그만큼 늦어지는 거죠.

사랑하는 그 혹은 그녀가

승용차처럼 안락하고 편리하게

나를 모실 수 있도록

짐을 조금씩 덜어주세요.

나의 모든 것을 떠맡겨 놓고

여기 가자 저기 가자,

이거 하자 저거 하자…….

아무리 성능 좋은 그라도

대중교통이 될 수밖에 없지 않겠어요?

그 혹은 그녀는 바로 나의 이상형인가요?
나는 그 혹은 그녀의 이상형인가요?
당신이 이상형을 찾는 이유는?

수컷끼리 머리 맞대고 치열하게 싸우든,
암컷끼리 머리끄덩이 잡고 싸우든
동물의 세계에서 이상형 찾기는
개인적인 욕심이라기보다는
우수한 유전자를 후대에 전하기 위한
종족 번식의 자연스러운 과정입니다.
오늘도 카페에 앉아 잡지를 뒤적이며
 '별자리에 따른 나의 이상형'을 살피는 당신…….
사랑하는 그 혹은 그녀는 나의 이상형인가요?
나는 그 혹은 그녀의 이상형인가요?
당신이 이상형을 고르는 기준은 어떤 것입니까?
잘생기고, 건강하고, 키도 크고, 목소리 부드럽고…….
잘생기고 튼튼한 유전자입니까?
혹은 집안 좋고, 학벌 좋고, 배경 좋고…….
우수한 유전자입니까?
당신이 이상형을 찾는 이유는
사랑을 위해서입니까, 종족 번식을 위해서입니까?

사랑은 바로 그 한 사람이 아니라
그를 둘러싼 주변과의 관계입니다.
그를 사랑한다면 그 주변의 사람들도 함께 사랑하십시오.

당신이 사랑하는 이의 주변 사람을
얼마나 많이 알고 계십니까?
내가 누군가를 사랑한다는 것은
그를 둘러싸고 있는 사람들과도
새로운 관계가 형성된다는 것을 의미한답니다.
새 학기에 들어간 아이의 새 친구들,
사랑하는 그이의 남자친구와 여자친구,
남편의 직장 동료,
아내의 옛 동창들과 잘 어울리는
이웃집 '아줌마' 들…….
그들의 이름과 생김새, 성격, 특징 등을 알아두고
그들 모두를 아울러 사랑하는 것이
'그' 를 두 배로 사랑하는 길입니다.

별이 아름다운 것은 멀리 떨어져 있기 때문입니다.
지금 내 옆에 있는 이도 한때는
달과 별처럼 아름다운 사람이었습니다.

1969년 7월 20일, 아폴로 11호의 달 착륙과 함께
인류의 오랜 환상 중 하나가 깨어져 나갔습니다.
달의 여신 혹은 월궁의 선녀와 계수나무 등
동서양 가릴 것 없이 아름답게만 그려져 왔던 달이
사실은 분화구 투성이의 못난이 별이라는 것이
밝혀졌기 때문이었죠.
그리고 이어지는 각종 탐사를 통해
반짝반짝 빛나는 별들의 실체들도 하나씩
구체적인 모습으로 나타났습니다.
하지만 그런 구체적인 자료와는 전혀 상관없이
달과 별의 아름다움에 대한 환상은 여전히
우리 인류의 마음속에 살아 있습니다.
언제나 저 먼 하늘에 떠 있는 별의 아름다움을
구체적인 사례들이 감춰주지 못하기 때문입니다.
지금 내 곁에서 툭탁툭탁 매일 실랑이를 하는
그 사람도 한때는 달과 별처럼
아름다운 사람이었습니다.

이제 그 아름다움을 덮어버리고도 남을 만큼
수많은 그에 대한 자료들이 내게 주어져 있죠.
하지만 달과 별이 여전히 아름다운 것처럼
당신의 그이 혹은 그녀도
나 아닌 누군가에게는
여전히 아름다운 사람이랍니다.

슬쩍 스쳐가는 손길,
가볍게 쓰다듬는 머리카락,
끊임없는 스킨십이 사랑을 키우고 지켜줍니다.

'피는 물보다 진하다.'
현대 의학자들의 연구에 의하면
이 말은 수정되어야 할 것 같습니다.
'스킨십은 피보다 진하다.'
엄마와 어린이, 연인, 친구…….
어떤 사이에서든
스킨십의 효과는 놀랍기만 합니다.
영국의 한 카사노바는
가벼운 스킨십만으로도
수많은 여자를 공략했다는
충격적인 고백을 하기도 했고,
우리나라의 어느 회사에서는
직원들간의 스킨십을 강조함으로써
회사의 단결을 이끌어내기도 했습니다.
날카로운 첫키스의 추억도
수많은 스킨십의 축적이 있은 이후에야
가능한 일이고

아무리 다정한 부부도

스킨십이 사라지면 관계가 소원해지게 마련입니다.

슬쩍 스쳐가는 손길,

가볍게 쓰다듬는 머리카락,

끊임없는 스킨십이 사랑을 키우고 지켜줍니다.

사랑한다면, 만지십시오.

사랑에 빠진 사람은 음식의 간을 맞추지 못합니다.
혀까지 사랑에 빠져버려
제 기능을 할 수 없기 때문입니다.

며느리가 화가 나면
남아나는 그릇이 없다고 합니다.
자신도 모르게 손에 힘이 들어가기 때문이죠.
또 갑자기 음식이 짜거나 싱거워지면
주방을 책임지는 사람이 화가 나 있거나
사랑에 빠져 있는 경우가 많습니다.
감정의 변화에 따라
미각을 느끼는 감각이 함께 변하기 때문이죠.
우리는 스스로 의식하지 못하지만
이런 작은 변화에도 우리 몸은 통째로 맞춰갑니다.
하지만 몸의 주인인 우리는
오히려 이런 변화를 거부합니다.
그 혹은 그녀에게 통째로 나를 맞추지 않습니다.
통째로 나를 던지면 뭔가 손해 보는 것 같고,
일방적으로 맞춰주기만 하는 것은
왠지 자존심이 상합니다.
그래야 하는 줄은 알지만

신체의 작은 한 부분에서도 자연스럽게 하는 일을
그 주인인 우리가 하지 못합니다.
조금만 '자연스러워지면' 쉬울 텐데 말이에요.

**자신의 눈에 맞는 안경을 찾듯이
세상이 똑바로 보이는 안경을 찾아 끼세요.**

우리는 가끔 안경 낀 채로 세수를 한다거나
끼고 있는 안경을 찾느라 더듬거리기도 합니다.
안경을 오래 끼어본 사람이라면
누구나 경험해봤을 법한 일입니다.
볼록렌즈건 오목렌즈건
그야말로 제2의 눈이 되다 보니까
안경을 끼고 있다는 사실을 때때로 깜빡하는 거죠.
안경을 끼는 사람에게 제일 중요한 것은
자신의 시력과 눈의 상태에 맞는 안경을
고르는 일입니다.
아름다움이나 가격은 그 다음 문제죠.
때때로 세상을 보는 데도 적당한 안경이 필요합니다.
내 눈으로 세상을 똑바로 볼 수 없다면
누군가의 시선을 빌려서 볼 수 있잖아요?
그것이 신문이든 방송이든
혹은 선배든 선생님이든……
혹 개중에는 잘못된 시선도 있을 수 있습니다.
색이 잘못 칠해진 것도 있구요.

하지만 안경점에 늘어놓은 그 수많은 안경을
못생겼다고, 비싸다고 타박하는 사람은 없잖아요.
안경이 무슨 죄가 있나요?
그걸 골라서 끼고 다니는 사람이 문제지.
멋진 것, 비싼 것 찾지 말고
세상이 똑바로 보이는 좋은 안경을 찾으세요.

**무엇인가 꿈이 있다면
간절히 믿으세요.
믿고 기다리는 만큼 이루어진답니다.**

어린 시절 읽었던 『큰 바위 얼굴』을 기억하세요?
미국의 어느 산봉우리에 있다는
큰 바위 얼굴의 전설 말이에요.
산 아래 마을 사람들은
언젠가 그 바위를 꼭 닮은 사람이 나타나
세상을 사는 지혜를 가르쳐줄 것이라 굳게 믿었다죠.
주인공 어니스트 역시 마찬가지였구요.
비가 오나 눈이 오나 오직 '큰 바위 얼굴'을
기다리는 어니스트…….
나름대로 성공했다는 수많은 사람들이 다녀갔지만
큰 바위 얼굴은 끝내 나타나지 않습니다.
그러던 어느 날 마을 사람 중 누군가
어니스트를 보고 외칩니다.
"큰 바위 얼굴이 나타났다!"
매일 산봉우리의 '큰 바위 얼굴'을 보면서
언젠가 그가 나타날 것이라 굳게 믿고 살았던
어니스트의 모습이 어느새

큰 바위 얼굴을 쏙 빼닮았던 것입니다.

그래요, 사람은 누구나

자신이 정말 되고 싶은 무엇을 닮게 된답니다.

문제는 얼마나 간절히 그것을 갈구하느냐일 뿐.

'꿈은 이루어진다.'

믿으세요. 간절히 믿고 기다리세요.

믿는 만큼 이루어지는 법이니까요.

**부부가 화장실을 함께 쓸 수 있다는 것은
그만큼 허물이 없어졌다는 뜻이지만
신비감이 없어졌다는 뜻이기도 하답니다.**

아내가 소변을 보고 있는데

노크도 없이 쑥 들어온 남편이

양치질을 시작한다면

아마도 신혼부부 단계는 조금 지난 거겠죠.

그만큼 허물이 없는 편안한 관계.

하지만 편안한 것이 늘 좋은 것만은 아니랍니다.

때로는 아내도 '여인'으로 대접받고 싶을 테니까요.

아내와 남편이 화장실을 함께 쓸 수 있다는 것은

그만큼 허물이 없어졌다는 뜻이기도 하지만

한편으로는 신비감이 없어졌다는 뜻이기도 하답니다.

**황금을 얻으려 애쓰지 말고
황금알을 낳는 거위가 되세요.
황금은 저절로 따라오게 된답니다.**

돈을 벌고 싶다는 사람들이 많습니다.

아름다운 여인 혹은 멋진 남성과

데이트도 즐기고 싶고

갖고 싶은 것, 하고 싶은 것이 많습니다.

하지만 그 어떤 것이든

굳이 얻으려 애쓰지 말고

어떤 존재가 되기 위해 힘쓰세요.

누군가의 마음을 얻으려 애쓰지 말고

그가 원하는 사람이 되십시오.

돈을 벌려고 하지 말고

사업가가 되도록 노력하십시오.

나머지는 자연히 따라옵니다.

남이 가진 황금을 부러워하지 말고

스스로 황금알을 낳는 거위가 되십시오.

중요한 것은 내게서 나온 어떤 것

혹은 누군가에게서 나온 어떤 것이 아니라

바로 그것을 만드는 나 자신입니다.

무엇을 얻으려 애쓰는 사람은
작은 일에 일희일비하고 연연하지만
무엇이 되려고 애쓰는 사람은
작은 이익에 만족하지 않고
조그마한 손실에 아쉬워하지 않으며
거침없이 자신의 길을 갈 수 있습니다.
눈앞에 있는 어떤 것이 나의 목적이 아니니까요.

**자신을 낮춰 보는 것이 겸손은 아닙니다.
마음이 넉넉하고 풍요로워야
진정으로 겸손할 수 있습니다.**

주머니에 든 것이 넉넉할 때는
길거리 노점에서 파는 군것질거리나
쇼윈도에 가득한 물건들이
그저 지나치는 일상적인 풍경에 불과합니다.
하지만 주머니가 텅 비어 있을 때는
그 모든 것들이 갑작스럽게 눈에 박히면서
갖고 싶은 것, 먹고 싶은 것들이
어쩌면 그렇게 많아지는지…….
하지만 주머니가 비어 있지 않아도
그런 경우가 있답니다.
바로 자신감이 텅 비어 있을 때죠.
자신이 없는 사람은 남이 가진 작은 것도 부러워하고
사소한 말 한마디에도 쉽게 상처를 입곤 합니다.
자신을 낮춰 보는 것, 스스로 빈곤해지는 것은
결코 겸손이 아닙니다.
마음이 넉넉하고 풍요로워야
진정으로 겸손해질 수 있습니다.

사랑보다 더 깊은 게 믿음입니다.
믿음이 바탕이 되지 않는 사랑은
모래 위에 쌓은 성과 같답니다.

세상을 살다보면

뜨거운 사랑보다

깊은 신뢰가 더 중요한 때가 있습니다.

연인이 멀리 떠나 있을 때,

누군가 새로운 사람이 접근하고 있을 때,

예상치 못한 일로 심각하게 다투었을 때……

때로는 사소한 오해와 불신이

엄청난 비극으로 막을 내릴 때도 있답니다.

그럴 때 필요한 것은 사랑이 아니라 믿음입니다.

그가 내 곁을 떠나지 않을 거라는 믿음,

언제나 나와 함께 하리라는 믿음,

세상의 모든 드라마와 영화와 소설,

연극, 뮤지컬이 보여주듯

아무리 깊은 사랑도 믿음이 바탕이 되지 않으면

모래 위에 쌓은 성과 같답니다.

가끔 그에게 '사랑해' 하는 대신

'난 당신을 믿어' 하고 말해주세요.

찬스 다음엔 위기, 위기 다음엔 찬스가 옵니다.
기회를 놓쳤다고 상심하지 말고
위기가 왔을 때 위축되지 마십시오.

야구든 축구든 스포츠 해설을 잘 들어보면

'찬스 다음에 위기' 라는 표현이 자주 나옵니다.

주어진 찬스를 놓치면 위기가 닥치기 쉽다는 말이죠.

누구나 마찬가지겠지만

좋은 기회를 놓치고 나면 상심이 이만저만 아닙니다.

하지만 그렇게 상심하고 있는 동안

알게 모르게 위기가 닥쳐옵니다.

기회가 좋았을수록 상심이 커지고

상심이 커질수록 위기도 더욱 큰 법이랍니다.

반면에 위기를 잘 넘기고 나면

곧 새로운 찬스가 다가옵니다.

위기를 넘기기 위해 잔뜩 벼르던 몸과 마음이

곧 새로운 찬스를 만들어내는 바탕이 되는 셈이죠.

찬스 다음엔 위기,

위기 다음에는 찬스가 옵니다.

기회를 놓쳤다고 상심하지 말고

위기가 왔을 때 위축되지 마십시오.

**너무 완벽하게 보이려고 애쓰지 마십시오.
지나치게 깨끗한 물에는 고기가 살기 어렵고
완벽한 사람에겐 동지보다 적이 많기 때문입니다.**

칠뜨기나 팔푼이, 맹구 같은 캐릭터가
오랜 세월 동안 사랑을 받아온 이유는
대부분의 사람들이 자기보다 잘난 사람보다는
조금 모자란 사람에게 더 호감을 갖기 때문이랍니다.
바늘로 찔러도 피 한 방울 나지 않을 것 같은 사람,
너무나 완벽하여 흠잡을 곳이 하나도 없는 사람은
존경의 대상은 될지언정
사랑의 대상이 되기는 어려운 법이죠.
예로부터 지나치게 맑은 물에는
고기가 살 수 없다고 했습니다.
다른 사람들에게 완벽하게 보이려고
애쓰지 마십시오.
어딘가 조금 부족한 사람은
나머지를 채워주려는 벗들이 많지만
결점 하나 없이 완벽해 보이는 사람에겐
함께 하려는 동지보다
시기하거나 질투하는 적이 더 많답니다.

친구가 거의 없는 100점짜리 인간보다는
많은 사람들이 함께 하는 80점짜리 인간이
성공의 문에 더 가까이 서 있다는 것을 잊지 마세요.

**오락가락하는 동지보다는
확실한 적이 더 낫습니다.
약이 될지 독이 될지 확실히 알 수 있으니까요.**

살다보면 참 많은 사람을 사귀게 됩니다.
초, 중, 고등학교 동창들부터
대학 동기와 선후배, 직장 동료, 군대 동기까지…….
개중에는 좋은 사람도 있고 나쁜 사람도 있고
좋은지 나쁜지 잘 모르겠는 사람도 있습니다.
적도 있고 동지도 있고
적인지 동지인지 불분명한 사람도 있습니다.
한 가지 확실한 것은
오락가락하는 동지보다는
확실한 적이 내게는 더 낫습니다.
독이 될지 약이 될지 확실히 알 수 있거든요.
자신에게 호감을 보이는 사람을 믿는 건
당연한 일이지만
의중이 확실하지 않은 사람을
내 편으로 분류하고
그에게 속을 보여주는 일은
생각보다 많이 위험한 일입니다.

그가 내게서 등을 돌리는 순간

그 어떤 적보다 무서운 사람이 될 수 있으니까요.

잊지 마세요.

오락가락하는 동지는

확실한 적보다 훨씬 위험하다는 것을…….

**누구에게나 친절한 사람을 주의하십시오.
모든 사람에게 친절한 사람은
아무에게도 친절하지 않은 사람일 수 있습니다.**

누가 봐도 선한 사람이 있습니다.
만면에 미소를 띠고
누가 무슨 말을 하든 웃음으로 받아줍니다.
머리 모양이나 스타일이 바뀌면
제일 먼저 알아채고 덕담을 해주고
집안 이야기며 친구 이야기도 기억해줍니다.
힘든 일이든 쉬운 일이든 앞장을 서고
어려운 사람을 보면 그냥 넘어가지 못합니다.
언제나 웃음 띤 그를
싫어하는 사람은 아무도 없습니다.
그러나 누구에게나 친절한 사람은
때때로 아무에게도 친절하지 않은
사람일 수도 있습니다.
적당한 거리를 유지하고 있는 동안은
세상 누구보다 친절하고 따뜻하지만
가까이 다가서는 것만은 꺼리는 사람…….
그의 친절함과 따뜻함은

마음에서 진정으로 우러나는 것이기보다는
세상을 살아가는 그 나름의 방식일
가능성이 크거든요.
굳이 성인군자가 아니더라도
어지간히 마음의 수련을 쌓지 않고서야
누구에게나 친절해진다는 건
세상 모든 이와 싸우며 지내는 것만큼
어려운 일 아닐까요?

**어떤 일을 할 때에는
힘을 흩트리지 말고 한 곳에 집중하십시오.
낙숫물이 바위를 뚫습니다.**

아침저녁으로 헬스클럽에서 수련을 해도
기왓장을 깨뜨리거나 송판을 부수진 못합니다.
매일 조깅을 하면서 다리를 단련한 사람도
축구선수처럼 공을 멀리 차긴 어렵습니다.
장대처럼 내리 꽂히는 빗방울일지라도
낙숫물처럼 바위를 뚫을 수는 없습니다.
기왓장을 부수거나 송판을 깨뜨리는 일
혹은 공을 멀리 차거나 바위를 뚫는 것은
단순한 힘이 아니라 집중력이기 때문입니다.
아무리 작은 힘이라도
순간적으로 집중해서 동시에 분출되면
엄청난 힘을 발휘할 수 있습니다.
물론 적지 않은 수련이 필요한 일이죠.
하지만 맨손으로 바위를 으깰 정도의
힘을 기르는 것보다는
쉼 없이 떨어지는 낙숫물처럼
한 곳에 집중하는 것이 더 쉽지 않겠어요?

근육의 힘은 한정돼 있지만
집중의 힘은 얼마든지 확장할 수 있으니까요.
공부를 하든 일을 하든
조금만 더, 조금만 더 집중해보세요.
집중력이 커갈수록
효율 또한 놀랄 정도로 늘어난답니다.

성공의 문은 저절로 열리지 않습니다.
세상의 모든 다른 문들처럼
밀거나 당기거나 해야 열린답니다.

문이 있습니다.
문 안쪽에는 금은보화가 가득하고
내가 원하는 모든 것이 있습니다.
중간 중간 실패로 가는 문도 있고
그냥 가던 길로 가는 문도 있지만
성공으로 가는 문도 곳곳에 널려 있습니다.
문제는 문을 여는 방법이죠.
실패로 가는 문이나
가던 길로 그냥 가게 하는 문은
대체로 자동문입니다.
그냥 가만히 서 있기만 해도
저절로 활짝 열려줍니다.
하지만 성공으로 가는 문은
결코 저 혼자 열려주지 않습니다.
밀거나 당기거나 혹은 옆으로 젖히거나
우리의 힘을 가해야만 열립니다.
혹시 우리는 자동문에

너무 익숙해진 것은 아닐까요?

그저 문이 저절로 열리기만 기다리며

여기저기 기웃거리다

실패의 문으로 슬쩍 발을 내딛곤 하는 게 아닌지…….

감정싸움이 극한에까지 치달았을 때는
30분 혹은 1시간만 있다가 다시 싸우기를 해보세요.
싸움의 원인이나 진행 방법이 전혀 달라진답니다.

2002년에 방송되었던 한 드라마에서는

서로간의 감정싸움이 극에 다다랐을 때

'타임'을 거는 장면들이 자주 나왔습니다.

30분이나 1시간 혹은 6시간쯤 있다가

다시 싸움을 시작하는 거였죠.

결론은 이미 알고 계시겠지만

그 이후의 싸움은

큰소리 한 번 없이 평온하게 진행되죠.

우리도 한 번 해보자구요.

부부싸움이든 애정싸움이든

서로간의 감정이 극한으로 치달을 때는

아무나 먼저 '타임'을 거는 거죠.

'타임' 시간이 끝난 뒤에도

여전히 극한 감정이 남아 있다면

정말 두 사람의 관계를

진지하게 고려해 보기로 하구요.

**자기의 밭 속에 숨겨진 보물을 찾아내지 못한다면
억만장자가 될 행운을 가지고 태어난다 해도
가난뱅이로 일생을 보낼 수밖에 없습니다.**

옛날 어느 농부의 집에

용한 점쟁이가 묵게 되었습니다.

점쟁이는 농부에게

큰 갑부가 될 것이라고 말해 주었습니다.

농부는 그 말만 믿고 일을 하지 않게 되었습니다.

결국 농부는 오래지 않아 가난하게 되었고

마침내 굶어 죽게 되었습니다.

장사를 치를 땅조차 없었던 자식들은

잡초만 무성하게 자란 밭 귀퉁이에

농부의 시신을 묻기로 하였습니다.

그런데 이게 웬일입니까?

밭 귀퉁이에 삽을 대자마자

금은보화가 가득 든 보물상자가 나타난 것입니다.

만일 농부가 놀고 먹으려고만 하지 않고

예전처럼 열심히 밭을 갈았다면

분명히 보물상자를 발견하였겠지요.

그리고 점쟁이의 말대로

큰 갑부가 되었을 것입니다.
하지만 농부는 점쟁이의 말만 믿고
놀고 먹으려고만 했기 때문에
자기에게 주어진 행운을
그만 팽개치고 말았던 것입니다.
자기의 밭 속에 숨겨진 보물을
찾아내지 못한다면
아무리 큰 갑부가 될 운명을 타고난다 해도
결국은 가난뱅이로
일생을 보낼 수밖에 없게 된답니다.

**박수를 치기 위해
두 손이 꼭 있어야 하는 것은 아니랍니다.
중요한 것은 박수가 아니라 마음이니까요.**

지금은 누구나 알아주는 유명한 가수가

무명 시절 작은 다툼에 휘말려

경찰서 유치장 신세를 진 적이 있었습니다.

그날 유치장을 지키던 경찰관은

유치장에 갇힌 사람들로 하여금

작은 공연을 열게 했습니다.

각 방마다 한 사람씩 돌아가면서

노래를 부르게 했던 것이지요.

무명가수는 당연히 최고의 박수갈채를 받았지요.

하지만 그날 그가 받은 박수갈채는

손으로 치는 우리의 박수와는 다른 것이었답니다.

유치장 규칙상 박수를 칠 수 없었기 때문에

혀를 끌끌 차는 것으로 박수를 대신했던 것이지요.

무명가수는 다음날 풀려났지만

그날 그 혓바닥 박수의 감동만큼은

평생을 두고 결코 잊지 못하게 되었답니다.

음습하고 침침한 그곳에 울려 퍼지던 그 소리가

훗날 자신만의 무대에 울려 퍼지던
팬들의 열화와 같은 박수갈채에
조금도 뒤지지 않았다구요.
박수를 치기 위해
두 손이 꼭 있어야만 하는 것은 아니랍니다.
중요한 것은 박수가 아니라 마음이니까요.

어떤 일을 할 줄 모르는 것은
능력의 부족 때문이 아니라
애초에 시도해보지 않았기 때문은 아닐까요?

동네를 지나는 길 한가운데
커다란 바위 덩어리가 하나 있습니다.
바위 덩어리 때문에 동네 사람들은 물론
지나다니는 사람들도 여간 번거롭지가 않습니다.
차나 경운기가 길을 돌아가야 하는 것은 물론
밤늦게 지나다 발이 걸려
넘어지는 경우도 있었습니다.
하지만 워낙 땅에 단단히 박힌 바위라
아무도 캐낼 엄두를 내지 못했습니다.
그러던 어느 날 이 동네로 이사를 온 사람이
바위 덩어리를 캐내겠다고 선언을 하였습니다.
바위 때문에 먼 길을 빙 돌아 차를 대기가
너무나 번거로웠던 때문입니다.
동네 사람들은 모두 코웃음을 쳤습니다.
수십 년, 아니 수백 년 동안
그 자리에 박혀 있던 바위를
무슨 수로 들어내겠냐는 것이었죠.

하지만 그는 아랑곳하지 않고
식구들과 함께 바위 밑을 파 들어갔습니다.
며칠이 걸릴지, 몇 달이 걸릴지 모를 일이었지만
바위 덩어리가 없어진 뒤의 편리함을 생각하며
열심히 삽과 곡괭이를 놀렸습니다.
하지만 막상 땅 밑을 파고 보니
바위는 땅 속에 깊이 박힌 것이 아니라
겉으로만 드러나 있는 것이었습니다.
그제서야 마을 사람들은 힘을 합쳐
바위를 길옆으로 끌어다 버렸습니다.
그 뒤로 마을길은 말 그대로 탄탄대로가 되었지요.
세상에는 이런 일들이 참 많습니다.
자동차 운전이나 인라인 스케이트, 번지 점프…….
도저히 할 수 없을 것처럼 엄두도 안 나던 일들이
어느새 몸에 익어 자연스럽게 되는 일들 말예요.
만일 어떤 일을 할 수 없을까봐 걱정이 된다거나
아예 시작할 엄두조차 나지 않을 때
이 바위를 한 번 생각해보세요.
우리 앞에 놓인 거대한 바위가
사실은 땅바닥에 살짝 묻혀 있는
납작한 돌덩어리일 수도 있으니까요.

구겨지고 찢어져도 돈의 가치는 변함이 없습니다.
약간은 모자라고 부족한 듯해도
사람의 가치 역시 변함이 없습니다.

평소 짠돌이로 소문난 어떤 사람이

돈을 비닐장판 밑에 차곡차곡 숨겼다가

그 돈이 모두 썩어버리는 바람에

큰 낭패를 본 적이 있었습니다.

하지만 돈의 모양이 그대로 살아 있었던 덕분에

은행에서 대부분 새 돈으로 바꿀 수 있었답니다.

이처럼 썩은 돈뿐만 아니라

찢어지거나 곰팡이가 슨 돈,

심지어 불에 홀랑 타버린 돈도

그 모양만 제대로 알아볼 수 있다면

은행에서 정한 비율에 따라

언제든지 새 돈으로 바꿀 수 있습니다.

아무리 찢어지고 구겨져도

돈은 돈으로서의 가치를 가지고 있는 것이죠.

그런데 사람은 그렇지가 않는 듯합니다.

몇 번의 실패를 겪고 마음의 상처를 입은 사람은

그 스스로 이미 가치를 포기하곤 합니다.

땀 냄새 나는 노동현장이나
비린내 나는 시장의 생선 좌판,
혹은 누구나 꺼리는 화장실 미화, 청소…….
남들과 조금 다른 일을 한다고 해서
자신의 가치를 스스로 낮추곤 합니다.
하지만 아무리 인생에서 실패했더라도
나락으로 떨어져 구겨지고 짓밟혔다 하더라도
그 스스로 포기하지 않는 한
사람의 가치는 절대로 떨어지지 않습니다.
아무리 구겨지고 찢어져도
정해진 가치가 줄어들지 않는 돈처럼…….

**아빠 혹은 아버지의 자리는
세월에 따라 얼마나 다르게 보이는 것인지…….
아버지는 그냥 거기 서 계시는데 말예요.**

인터넷에 떠도는 유머 중에
'아빠의 자리'라는 것이 있습니다.

4세 때 : 아빠는 무엇이나 할 수 있다.

7세 때 : 아빠는 아는 것이 정말 많다.

8세 때 : 아빠와 선생님 중 누가 더 높을까?

12세 때 : 아빠는 모르는 것이 너무 많아.

14세 때 : 우리 아버지요? 세대 차이가 나서…….

25세 때 : 아버지를 이해하지만, 기성세대는 이미 갔습니다.

30세 때 : 아버지의 의견도 일리가 있긴 있지요.

40세 때 : 이 일을 결정하기 전에 아버지의 의견을 들어봐야지.

50세 때 : 아버님은 훌륭한 분이었어.

60세 때 : 아버님께서 살아 계셨다면, 꼭 조언을 들었을 텐데…….

아빠 혹은 아버지의 자리라는 것이
세월의 흐름에 따라
얼마나 다르게 보이는 것인지…….
아버지는 언제나 그 자리에 그냥
그대로 서 계시는데 말예요.

**이미 좋은 지도자가 있는 곳에서는
지도자가 되려고 하지 마십시오.
그렇지 않다면 좋은 지도자가 되기 위해 노력하십시오.**

유태인들의 격언 중에
'한 척의 배에는 한 사람의
선장만이 필요하다'는 말이 있습니다.
우리 속담에도 비슷한 표현이 있죠.
'사공이 많으면 배가 산으로 간다.'
물론 선장이나 사공이 많은 것도 문제지만
아예 없는 것도 큰 문제가 된답니다.
그래서 나온 또 다른 격언이 있죠.
'이미 좋은 지도자가 있는 곳에서는
지도자가 되려고 하지 말라.
그렇지 않다면 좋은 지도자가 되기 위해 노력하라.'
어떤 모임이나 조직에 몸을 담고 있든
이미 조직을 이끄는 지도자가 있다면
지도자가 되려고 나서는 일이
오히려 조직을 해치는 일이 되고
나서는 이가 아무도 없는 곳에서는
뒤로 빠지는 것이 조직을 해치는 일이 된답니다.

자신에게 필요한 것은 조금씩 돈을 모아서 사보세요.
돈의 소중함은 물론
물건의 소중함도 함께 알게 된답니다.

경제 전문가인 어느 아버지가

아이들에게 소원 저금통을 만들어주었답니다.

저금통에다 아이들이 갖고 싶어하는

물건 이름을 적어놓고

그곳에다 돈을 차곡차곡 모으도록 한 것이지요.

그렇게 돈을 모아서 물건을 사면

돈의 소중함도 알게 되고

물건의 소중함도 함께 알게 된답니다.

게다가 더욱 좋은 것은

막상 원하는 액수만큼 돈이 모였을 때

그 물건이 정말 필요한지 아닌지

다시 한번 확인을 하게 되는 일이랍니다.

어렵게 돈을 모았기 때문에

그만큼 쓸모 있는 곳에 쓰고 싶어진다는 거죠.

하지만 소원 저금통은

우리들한테 더 필요한 것 같아요.

휴대폰이나 MP3 플레이어, 컴퓨터, 디지털 카메라……

몇 년은 더 쓸 만한 물건들이
몇 달도 되지 않아 중고품 취급을 받을 정도로
금방 싫증을 내는 사람들이 참 많거든요.
꼭 갖고 싶은 물건이 있으면
용돈이든 월급이든 목돈이 생겼을 때 사지 말고
몇 달간 조금씩 차근차근 돈을 모아서 사보세요.
그럼 돈의 가치나 소중함은 물론
물건의 소중함도 함께 알게 된답니다.
물론 필요한 돈이 다 모였을 때에는
정말 그 물건이 내게 필요한지
다시 한번 점검도 하게 될 거구요.

사물이나 현상을 보거나 인식할 때는
명확하게 보아야 할 것을 생각해야 하며
남의 말이나 세상사를 들을 적에는
총명하게 들어야 할 것을 생각해야 합니다.

중국 송나라 시대의 대학자 주자(朱子)가
소년들을 위해 만든 소학(小學)이라는 학습서에는
행동하기에 앞서서 깊이 생각해야 할
아홉 가지 조목이 밝혀져 있습니다.
사실은 우리 모두에게 필요한 것이지요.

사물이나 현상을 보거나 인식할 때는
명확하게 보아야 할 것을 생각해야 하며
남의 말이나 세상사를 들을 적에는
총명하게 들어야 할 것을 생각해야 한다.
대인관계에 있어 속에 들어 있는 것을 나타낼 때는
표정을 온화하게 할 것을 생각해야 하며
용모와 태도는 항상
공손하게 해야겠다는 것을 생각해야 하고
말을 할 때는 진실하고 실천 가능한 말만
해야겠다는 것을 생각해야 한다.

행동을 할 적에는 남을 높이고
모든 일을 바르게 할 것을 생각해야 하며
의문이나 의심나는 일이 있으면
언제든지 물을 것을 생각해야 한다.
분한 일이 있을 적에는
더 큰 어려움이 있다는 것을 생각해야 하며
이득을 취할 수 있는 일이 있거든
취하는 것이 옳은지 옳지 않은지를 생각해야 한다.

"엄마한테 전화 오면 없다고 그래. 알았지?"
"아빠가 물어보면 절대로 모른다고 그래. 알았지?"
아이에게 습관적으로 거짓말을 가르치는 건 아닌지……

직접 대면하고 싶지 않은 일들이 제법 있습니다.

만나고 싶지 않은 사람도 있고

받고 싶지 않은 전화도 있습니다.

하지만 아이를 방패로 내세울 수는 없잖아요.

"엄마한테 전화 오면 없다고 그래. 알았지?'

"아빠가 물어보면 절대로 모른다고 그래. 알았지?'

세 살 버릇이 여든까지 간다고 입으로는 매일 되뇌면서

아이들에게 습관적으로

거짓말을 가르치는 것은 아닌지…….

운전을 하다가 슬쩍 창밖으로

담배꽁초를 버리는 아빠,

아이 손을 붙잡고 용감하게

무단횡단을 감행하는 엄마는

'불법'을 몸으로 가르치고 있는 셈이 아닐까요?

아이들에게 나쁜 습관을 가르치는 것도 문제지만

엄마, 아빠가 하는 말을 믿지 못하도록 만드는 것이

더 큰 문제랍니다.

216

한숨에 배부를 수 있나요?
목표를 정할 때는 한 발 한 발
실현 가능한 것부터 시작하세요.

다이어트의 기본 원칙 중 하나가

단번에 살을 빼겠다는 생각을 버리라는 거예요.

밥을 굶거나 약을 먹어서 단번에 살을 빼면

부작용이 엄청날 뿐만 아니라

곧 다시 처음보다 더 심하게 살이 찌는

요요 현상이 오기 때문이죠.

하지만 그보다 더 심각한 것은

한 번, 두 번 좌절을 겪는 동안

'나는 안돼!' 하는 부정적인 생각이

몸과 마음에 각인이 되어 버린다는 거예요.

그러다 결국 자포자기하고 마는 거죠.

그래서 다이어트를 시작할 때는

일주일이나 한 달에 0.5킬로그램 정도씩

실현 가능한 목표를 세우고

차근차근 끈기 있게 실천하는 것이 중요해요.

저울에 자주 올라가는 것도 금물.

변함없는 저울 눈금 때문에 실망할 수도 있거든요.

뭐, 다이어트만 그런 건 아니죠.

학교 성적이나 회사의 업무, 또는 미래의 꿈…….

어떤 것이든 단번에 이루겠다는 생각은 버리세요.

원대한 목표는 분명 삶의 힘찬 원동력이지만

너무 큰 것만 바라보다가는

자칫 첫발부터 좌절감을 안게 될 수도 있거든요.

첫술에 배부를 수 있나요?

원대한 목표는 그대로 두고

우선 실천 가능한 일부터 하나씩

차근차근 계획을 세워보세요.

그것이 오히려 더 빨리 목표지점에 도달하는

지름길이거든요.

금은보화만 보물인가요?
번쩍번쩍 빛나지는 않아도
우리들 마음속에도 보물이 숨겨져 있답니다.

옛날에 한 가난한 농부가 있었습니다.

어린 시절 가난을 뼈저리게 느낀 그는

가난을 벗어나기 위해 정말 열심히 일했습니다.

그렇게 열심히 일해 조금씩 모은 돈으로

그는 땅을 사 모았습니다.

농부에게는 땅이 무엇보다 소중한 보물이었으니까요.

워낙 열심히 일한 덕에

농부는 아주 크고 넓은 땅을 가지게 되었습니다.

그리고 농부의 땅에는

매년 탐스러운 곡식들이 주렁주렁 열리곤 했습니다.

그렇게 세월이 흘러 어느덧 농부도 늙게 되었습니다.

마을에서는 자수성가한 농부를 보고

행복한 늙은이라고 말했지만

농부는 한 가지 커다란 고민이 있었습니다.

가난했던 농부와 달리 여유 있게 자란 농부의 세 아들은

땅을 돌보지 않고 놀고 먹는 데만 열중하는 것이었습니다.

농부가 평생 가꾼 기름진 땅은

점점 황폐해져서 잡초만 무성한 황야가 되어갔습니다.
황폐한 땅을 보며 고민에 빠진 농부는
시름시름 앓다가 마침내 하늘의 부름을 받게 되었습니다.
농부는 세 아들을 불러 마지막 유언을 남겼습니다.
"얘들아, 너희들에게 꼭 일러줄 말이 있다.
사실은 내가 우리 땅에다 아주 귀한 보물을 숨겨 두었
단다. 이제 땅도 황폐해져 소출도 없고 남은 재산도 없
으니 너희들은 그걸 찾아서 나누어 가지도록 하여라."
그렇게 말하고 농부가 숨을 거두자마자
세 아들은 하루도 쉬지 않고 땅을 파헤쳤습니다.
물론 보물을 찾기 위해서였죠.
하지만 아버지가 남긴 그 넓은 땅을
몇 번이고 샅샅이 파헤쳤지만
끝내 보물은 보이지 않았습니다.
그리고 지친 세 아들은 땅 파기를 포기하고 말았죠.
그렇게 가을 겨울이 가고 다음해 봄…….
세 아들이 내팽개쳤던 황무지는
무엇을 심어도 쑥쑥 잘 자라는
기름진 땅이 되어 있었습니다.
그제야 세 아들은 아버지가 남긴 보물이 무엇인지
깨닫게 되었답니다.

시간의 가치는 상황에 따라, 사람에 따라 달라진답니다.
단 1초의 차이가 운명을 가를 때도 있습니다.
하루하루 주어진 당신의 시간을 디자인해보세요.

우주로 떠나는 여행에서는

1초의 몇 만분의 1의 차이 때문에

전혀 엉뚱한 궤도로 날아가 버릴 수도 있습니다.

간발의 차이로 중요한 열차를 놓칠 수도 있고,

정말 중요한 약속을 펑크 내는 때도 있습니다.

하지만 수업시간에 한두 시간 졸았다고 해서

인생이 갑자기 바뀌진 않는답니다.

잠시 회사나 집안일을 젖혀두고

며칠 여행을 다녀온다고 해서

나를 둘러싼 우주가 뒤바뀌지도 않구요.

물론 이렇게 쌓인 시간들의 총 가치는

언젠가 자신에게 다시 돌아오겠지만…….

시간의 가치는 상황에 따라, 사람에 따라

얼마든지 다르게 변할 수 있답니다.

매일매일 우리 모두에게 똑같이 주어지는 24시간…….

그것을 얼마나 긴장되고 알차게 사용하느냐 하는 것은

순전히 우리 자신에게 달려 있답니다.

마치 우주여행을 하듯 정교하게 시간을 쓰든

혹은 수업을 듣듯 느긋하게 쓰든 말이에요.

하루하루 당신의 시간을 디자인해보세요.

1시간을 1초처럼 혹은 1초를 1시간처럼······.

시간을 디자인하는 능력에 따라

주어진 시간의 가치는 얼마든지 변한답니다.

틈날 때마다 자기 자신에게 상을 주세요.
작은 선물도 좋고, 엉덩이를 툭 때려줘도 좋아요.
이런 작은 칭찬이 삶에 활력을 준답니다.

주변에 참 재미있는 친구가 있답니다.

남들이 생각지 못한 좋은 아이디어를 냈다거나

어려운 문제를 해결했을 때,

씽긋 웃으며 일어나

자신의 엉덩이를 툭툭 치는 거예요.

스스로 자기 자신을 칭찬하는 거죠.

때로는 자신의 머리를 대견한 듯 쓰다듬기도 하고,

평소 눈으로만 만족했던 작은 화분을

사오기도 하구요.

한번 따라해보세요.

다른 사람에게 칭찬받을 만큼 큰 일이 아니어도

혹은 그만큼 큰 일이라 하더라도

누군가의 칭찬을 기다릴 필요는 없잖아요?

틈날 때마다 자기 자신에게 상을 줘 보세요.

작은 선물도 좋고, 엉덩이를 툭 때려도 좋아요.

이런 작은 칭찬이 삶에 활력을 준답니다.

칭찬은 고래도 춤추게 한다잖아요?

늘 한 자리만 고집하는 것은
뜨거운 물을 견디다 죽어버리는
어리석은 개구리와 똑같지 않을까요?

어리석은 개구리의 우화가 있습니다.

개구리 한 마리를 잡아서

뜨거운 물에다가 집어넣으면

개구리는 어떻게 될까요?

당연히 톡 튀어 나올 거예요.

그런데 지금 튀어나온 그 개구리를

찬물이 들어 있는 통 속에 넣고

서서히 물을 끓이면 어떻게 될까요?

아마 개구리는 적당한 온도의 물 속에서

느긋하게 쉴 거예요.

그러다 차츰 물이 더워지기 시작하지만

일단 자리를 잡은 개구리는 자리를 지킨답니다.

그리고는 마침내 '개구리구이' 가 되어버리죠.

좋은 일이든 나쁜 일이든,

인생의 변화란 이처럼 천천히 다가옵니다.

미처 우리가 알아채지도 못한 사이

어느새 우리 턱밑에까지 바짝 다가와 있곤 하죠.

현재 자신의 위치에 만족하지 못하는 사람은
더 좋은 자리를 찾기 위해 노력합니다.
하지만 일단 '괜찮은 자리'를 차지한 사람은
여간해선 그 자리를 떠나지 않으려고 합니다.
하지만 지금 편하다고 해서
언제까지 내게 편한 자리는 아니랍니다.
긴장을 늦추지 마세요.
지금 이 순간에도 당신의 경쟁자들은
당신의 자리 바로 밑에
활활 불을 지피고 있을지도 모르니까요.

행복은 성적순이 아니잖아요!
말로는, 머리로는 이해하지만
몸으로 받아들이기는 참 힘든 것 같아요.

마흔을 훌쩍 넘긴 나이에 처음 나가보는 동창회⋯⋯.
남자 동창들은 대부분 배가 나오고
머리가 벗겨진 친구도 있더군요.
여자 동창들도 대부분은 세월의 흔적을 떠안은 채
중년의 '아줌마'가 되어 있었답니다.
수십 년 만에 만나보는 얼굴들이라
밤을 새워도 이야기는 끝이 없지만
터져 나오는 웃음소리 사이사이로
알게 모르게 서로서로 비교를 해봅니다.
누구는 부동산으로 떼돈을 벌었고,
누구는 잘 나가는 중소기업의 사장이랍니다.
이름만 대면 알 만한 큰 식당의 주인도 있고
커다란 기업체의 간부도 있습니다.
물론 명함도 안 내밀고 술잔만 비우는
장삼이사, 선남선녀도 있지요.
하지만 아무리 돌이켜봐도 지금 잘 나가는 친구들이
학창시절 공부를 다 잘했던 것 같지는 않습니다.

변호사 한다는 누구누구하고, 기업체 간부 하는 녀석,
공인중개사 한다는 누구를 빼면
학창시절의 성적은 대체로 거기서 거기…….
'행복은 성적순이 아니잖아요' 하는 이야기가
새삼 진리로 다가옵니다.
하지만 동창회가 끝난 다음날,
중간고사를 보러 나가는 큰애의 뒤통수에다
냅다 소리를 질러댑니다.
"시험 잘 봐!"
마치 어젯밤 잘난 친구들 앞에서
입 꾹 다물고 있었던 분풀이라도 하듯이…….
학창시절 성적이 행복과는 별다른 관계가 없다는 걸
내 눈으로 똑똑히 보고 왔으면서도
왜 우리 애만은 공부 잘하기를,
누구한테도 뒤떨어지지 않기를 빌게 되는 걸까요?

**사랑을 나누는 데 필요한 것은
물질이 아니라 마음이에요.
그 나머지는 땅에서, 하늘에서 마련해준답니다.**

우리나라의 어느 한적한 시골 마을이
한때 화제의 중심이 되었던 적이 있습니다.
온 동네 구석구석이 온통 꽃마을이었거든요.
마을을 드나드는 큰길은 물론
고샅길 사이사이, 개울가, 담장 밑까지
붉고, 노랗고, 파란
형형색색의 꽃으로 불타오른답니다.
그것도 도심 주변의 꽃집에서 볼 수 있는
이국적이고 덩치 큰 유명한 꽃들이 아니라
우리나라 땅 어디에서나 볼 수 있는 풀꽃, 들꽃들……
그런데 이 엄청난 꽃잔치를 벌인 주인공이
마을에 사는 할머니 한 분이라니 더욱 놀라운 일이죠.
그렇다고 할머니가 돈이 많은 분도 아니고
더구나 시간이 남아도는 분도 아니랍니다.
그저 논일 하러 갈 때, 밭일 하러 갈 때
주변에 있는 꽃들의 씨를 받아다 하나씩 하나씩
마을 빈 공간에 정성껏 심고 가꾸었던 것이죠.

바쁜 농사일 틈틈이 물도 주고 잡초도 뽑아주면서
1년, 2년 그렇게 세월이 흐르는 동안
어느새 마을 전체가 온통 꽃마을이 되었답니다.
물론 이제는 마을 사람들도 할머니와 같이
꽃동네 가꾸기에 열심이구요.
사랑을 나누는 데 필요한 것은
돈이나 다른 물질이 아니에요.
마음만 있으면 나머지 필요한 것들은
땅에서 하늘에서 다 마련해준답니다.
여기에 나의 시간을 조금 보태면 되는 거죠.
사랑 나누기, 쉽죠?

세상 살면서 해서는 안 될 세 가지 이야기가
'바쁘다, 힘들다, 죽겠다'라는데
바빠서 힘들어 죽겠다는 사람이 왜 그리 많은지…….

어른들이 흔히 말씀하십니다.

세상 살면서 해서는 안 될 이야기 세 가지가 있다구요.

'바쁘다, 힘들다, 죽겠다'가 그거랍니다.

세상 어딜 가나 안 바쁜 사람 없고,

힘들지 않은 사람이 어디 있겠어요?

특히 세상이 어려울수록 바쁘고 힘들다고 하는 건

일이 없어서 노는 사람한테는

엄청난 자랑으로 들릴 테니까요.

특히 죽겠다는 말은 어떤 경우에도 해서는 안 된답니다.

배고파 죽겠다, 목말라 죽겠다, 안타까워 죽겠다…….

혹여 부모님께서라도 들으시면 기겁을 할 이야기겠죠.

그런데 요즘은 해서는 안 될 이 이야기들을

뭉뚱그려서 입에 달고 사는 사람이 참 많습니다.

"바빠서 힘들어 죽겠다."

정말 바빠서 힘들어 죽겠다는 생각이 들 때면

주변에 계신 분들을 한번쯤 생각해보세요.

그건 하소연이 아니라 자랑이거든요.

**아이를 키우는 숭고한 일상사를
'애나 보지 뭐 하려……'로 치부하는 사람들이라면
발전의 가능성은 그만큼 적은 것 아닐까요?**

국내 최고임을 자부하는 서울의 한 대학.

이곳에서 강의를 맡고 있는 한 교수는

남들이 흔히 겪어보기 어려운 색다른 경험을 했답니다.

교수가 자신의 아이를 강의실에 데리고 와서

강의를 할 때 미국과 한국 학생들의 반응이

어떻게 다른가 하는 것이죠.

십수 년 전 미국 하버드대학에서 강의할 당시

그의 아기는 돌을 채 넘기지 못한 갓난쟁이였습니다.

아내 역시 공부하기 바쁜 유학생이고,

육아 도우미를 맘 놓고 부를 만큼 넉넉지 않았던 그는

자신의 아이를 데리고 가서 강의를 하곤 했답니다.

때로는 아이를 안고, 때로는 강의실 한켠에 재워두고…….

수업을 받던 학생들은 때때로

그의 양복에 묻은 아이의 토사물을 닦아주기도 하고

때로는 칭얼거리는 아이를 얼러주기도 하면서

그렇게 강의를 받아야 했답니다.

마침 그와 비슷한 처지의 동료 교수가 노벨상을 수상

하고 아이를 안고 강의하는 사진이 대서특필되면서
'다음 노벨상은 교수님 차지'라는 농담도 했답니다.
그리고 몇 년 뒤 아이가 조금 컸을 때
그는 고국의 최고 대학에서 강의를 맡게 되었답니다.
그는 당연한 듯 아이를 안고
또는 강의실 한켠에 재워두고 강의를 하곤 했습니다.
그의 아내는 여전히 바빴고,
생활 역시 크게 달라지지 않았으니까요.
하지만 그는 막 시작한 그 학기도 다 채우지 못하고
아이를 돌봐줄 사람을 급히 찾아야만 했습니다.
강의를 듣던 학생들 사이에서
썩 듣기 좋지 않은 이야기들이 툭툭 튀어나왔기 때문
이죠. '집에서 애나 보지, 학교는 뭐 하러 나와?'
이젠 아이도 다 자랐고,
그 역시 한국 사회에 충분히 적응했지만
그때의 그 아픈 기억은 여간해서 잊지 못한답니다.
어쩌면 숭고한 수업시간에 아이를 안고 들어간
교수가 잘못을 한 것인지도 모르지만
아이를 키우는 숭고한 일상사를
'애나 보지 뭐 하러……'로 치부하는 사람들이라면
발전의 가능성은 그만큼 적은 것 아닐까요?

나이가 들면서 배우게 되는 여러 가지 중에서
무엇보다 중요한 것은
남의 이야기를 많이 들어주게 된다는 것이죠.

젊은 시절에는 미처 모르던 것을
차츰 나이가 들면서 배우게 되는 것이 많이 있습니다.
입이 델 정도로 맵고 뜨거운 국이 시원하게 느껴지고
어깨에 바람이 든다는 것이 무엇인지
손발이 저리는 게 무엇인지도 알게 됩니다.
평소 친구처럼 부르던 유명 탤런트의 이름이
입에서만 뱅뱅 돌다 끝내 떠오르지 않을 때,
주부 건망증이 무엇인지 불현듯 알게 됩니다.
죽음을 친구처럼 받아들이고, 준비하게 되는 것도
나이 들어서 얻게 되는 삶의 지혜 중 하나겠지요.
하지만 나이 들어가면서 배우는 지혜 중
무엇보다 중요한 것은
내 이야기를 하기보다는
남의 이야기를 들어주어야 한다는 것이죠.
젊은 시절에는 하고 싶어도
잘 되지 않던 일이지만…….

**생활과 동떨어진 이론은 말 그대로 이론일 뿐.
때로는 태양까지의 거리를 잴 수 있는 과학자보다
시장 상인들의 계산법이 훨씬 유용하답니다.**

옛날에 아주 뛰어난 수학자가 있었습니다.

수학 잘하는 것 빼고 특별한 재주가 없었던 그는

뛰어난 학자로서의 명성은 쌓았지만

별다른 부를 모으지는 못했습니다.

다만 그가 평생 모은 것은

2킬로그램짜리 금덩어리……

일찌감치 결혼해서 아들만 셋을 둔 그는

나이가 들어 이 금덩어리를 나눠주려고 하였습니다.

그런데 그만 문제가 생겼습니다.

2킬로그램짜리 금을 나눌 수가 없었던 것입니다.

$2.0 \div 3 = 6.666666\cdots$

평생 수학을 해온 사람답게 몇 날 며칠을 고민했지만

도저히 딱 떨어지게 맞출 수가 없었던 거죠.

그는 고민 끝에 집 근처 금은방을 찾아가서

어떻게 하면 금을 공평하게 나눌 수 있을까

물어보았습니다.

금은방 주인의 답은 참 간단했습니다.

금을 자기에게 팔아서 나온 돈을
나눠주라는 것이었죠.
금 2킬로그램은 공평하게 나누기 어렵지만
돈을 나누는 것은 참 쉬운 일이니까요.
게다가 끝자리가 맞지 않으면
금값을 조금 더 쳐줄 수도 있구요.
금은방 주인이든 생선가게 주인이든
수학 실력이야 어찌 수학자를 따를 수 있겠어요?
하지만 생활과 동떨어진 이론은
말 그대로 이론일 뿐이죠.
생활 속에서는 태양과의 거리를 잴 수 있는
훌륭한 수학 실력보다
시장판에서 익힌 단순한 셈법이 훨씬 낫답니다.

아이들 고모의 남편을 뭐라고 부르세요?
고모부? 아저씨?
중요한 건 호칭이 아니라 관계를 보는 시선이에요.

대가족을 중심으로 했던 우리나라의 경우

친인척 사이의 호칭이 참 복잡하게 되어 있어요.

게다가 내가 부를 때와 남에게 얘기할 때가 다르고

나를 부르는 호칭도 사람에 따라 제각각이니

이걸 몽땅 알아둔다는 게 보통 일은 아니에요.

나와 가까운 관계들만 살펴보아도 한두 가지가 아니죠?

만일 내가 여자라면 남편의 동기간은 물론

그 배우자들을 부르는 호칭 정도는 알아두어야죠.

또 내가 남자라면 아내의 동기와

그 배우자의 호칭을 알아두어야 하구요.

하지만 간단한 그 관계마저도 헷갈리기 십상이에요.

아주버님이나 도련님, 형님, 처형, 처제 정도는 간단한데

아이들 고모의 남편을 뭐라고 부르는지

손위 처남의 아내를 뭐라고 불러야 하는지…….

몰라도 문제고 알아도 문제예요.

요즘 세상에 멀쩡한 애들 고모부를

아저씨라고 부르기는 좀 그렇죠?

손위 처남댁을 보고 아주머니라 부르기도 그렇고…….
때로는 나이 많은 손아래 동서한테 존대를 하다가
어른들한테 혼이 나기도 해요.
하지만 호칭은 단순한 호칭일 뿐이에요.
호적도 없앤다는 광명천지의 세상에
옛날 대가족 시대의 관계와 호칭을
굳이 고집할 이유가 있나요?
중요한 건 호칭이 아니라 관계를 보는 시선이죠.
올바른 호칭을 쓰면서 반목하는 가족보다는
대충 남들 하는 대로 따라 부르면서
화목한 가족이 훨씬 낫지 않을까요?

진실로 자신의 운명을 아는 사람은
이 세상에 아무도 없습니다.
자기 자신을 제외하고는…….

종로 5가, 종묘 주차장 앞을 지나칠 때였습니다.
점(占)이라고 씌어진 포장 안에서
중늙은이 한 분이 뭔가를 열심히 쓰고 계셨습니다.
보아하니 노인은 점을 보아주는 점쟁이였고,
그가 열심히 쓰고 있는 것은 로또복권이었습니다.
그 사실을 눈치 챈 행인들은 더러
"일단 점이나 쳐보고 긁지 그럴까?"
하면서 비웃음 소리도 날리곤 했지만
노인은 별로 개의치 않는다는 듯
열심히 복권 숫자를 채워 넣기에 바빴습니다.
그러다 손님이 오면 모른 척 자리를 잡고 앉아
운명이며 손금이며 관상을 봐 주겠지요.
사실 그 점쟁이 역시
로또와 같은 복권 숫자는 물론
내가 찾는 사람이 어떤 동네에 살고 있는지
이번 시험에서 내가 몇 점을 맞을지
잘 모르고 있답니다.

관상이나 수상, 족상, 주역처럼
일정한 통계를 바탕으로 만든 '학문' 조차
제대로 공부한 사람이나 해석해 낼 수 있는 터에
글자 몇 개 배워서 돗자리 편 분들에게
무엇을 기대할 수 있겠어요?
점도 좋고, 관상도 좋고, 주역도 좋아요.
때로는 맞는 사람도 있죠.
하지만 지나친 기대는 하지 마세요.
대한민국의 점쟁이 중 그 누구도
점을 쳐서 로또 복권 숫자를 맞춘 사람은
아직까지는 없었으니까요.
진실로 자신의 운명을 알 수 있는 사람은
그 자신 이외에는 아무도 없답니다.

자동차의 미등이나 브레이크등처럼
내 물건이지만 남을 위해 존재하는 것이 있답니다.
결국 그것이 나를 위한 길이기도 하지만요.

옛날에 어느 장님이

등불을 들고 밤길을 가고 있었습니다.

옆을 지나치던 이가 궁금해서 장님에게 물었습니다.

앞이 보이지 않을 텐데 등불이 무슨 소용이냐구요.

장님이 대답했습니다.

"무슨 말씀이세요?

이렇게 등불을 들고 다니는 덕에

다른 사람과 부딪치는 일이 없어지잖아요."

분명히 내가 들고 다니는 내 물건이지만

자동차의 미등과 브레이크등처럼

다른 사람을 위한 것도 있답니다.

결국은 그것이 나를 위한 길이지요.

**진정한 나의 가치를 드러내는 것은
남들 앞에 톡톡 튈 때가 아니라
주변 사람들과 조화를 이루어낼 때랍니다.**

보기만 해도 마음이 아름다워지는 꽃꽂이…….
꽃을 예쁘게 꽂기 위해서는 몇 가지 원칙이 있답니다.
그날그날의 컨셉에 따라
혹은 장소와 분위기에 따라
강조하는 꽃과 보조하는 꽃,
높게 꽂아야 할 것과 낮게 꽂아야 할 것을
확실하게 구분해야 한다는 거죠.
꽃이 아름답다고 해서 전부 강조를 한다거나
모두 높이 높이 꽂아둔다면
꽃꽂이의 의미는 전혀 없어지고 말거든요.
맛있는 요리도 그래요.
똑같이 짠맛을 내더라고
소금을 쓰면 색의 변화가 없지만
간장을 쓰면 요리에 검은색을 더하게 되거든요.
설탕과 물엿을 쓰는 것도 비슷하구요.
진정으로 다른 사람들 앞에
나의 아름다움과 가치를 드러내고 싶다면

주변 사람들과의 조화를 먼저 생각하세요.

꽃꽂이가 아름다워야

수반에 꽂혀 있는 꽃들도 함께 살아나고

요리가 맛있어야 재료의 가치가 빛나는 법이니까요.

고기가 낚시에 걸리는 것은
낚시꾼이나 낚싯줄이 좋아서가 아니라
미끼가 좋아서라는 걸 잊지 마세요.

사람이 사람을 좋아하는 데는
이유가 없다고들 합니다.
사람이 싫고 좋은 것은 마음 따라가는 것이지
인위적으로 되는 것이 아니라는 얘기도 있죠.
하지만 진정으로 사랑하는 사람,
정말 이유 없이 미운 사람을 제외하고는
싫고 좋은 데는 분명히 이유가 있답니다.
심지어 매일 만나 사랑을 속삭이는 연인들조차
알고 보면 좋아하는 이유가 따로 있답니다.
기억하세요.
물고기가 낚시를 무는 것은
낚싯줄이나 낚시꾼이 좋아서가 아니라
미끼가 좋아서라는 것을.
친구든 연인이든 나를 좋아하는 것은
분명 내게 어떤 '미끼'가 있기 때문이에요.
흔히 생각하듯 돈이나 조건은 아니겠지만
자신도 생각지 못하는 무엇인가 있는 거죠.

그것이 무엇인지 골똘히 찾아내고

잃지 않도록 늘 조심하세요.

옛말에 쥐도 구멍을 보고 쫓으라 했습니다.
누구든 너무 심하게 몰아붙이지 마세요.
막다른 골목에 몰리면 어떻게 나올지 모르니까요.

스스로의 땅을 가진 농사꾼보다는

남의 땅을 빌려서 농사짓는 소작농이 더 많았던 시절,

지주들은 벼 이삭 하나, 보리 이삭 하나까지

꼼꼼히 따지고 세어서 소작을 받았습니다.

하지만 아무리 지독한 악덕 지주도

논두렁 밭두렁에 심은 콩과 같은 작물은

소작농의 것으로 인정을 해주었습니다.

소작농에 대한 배려라기보다는

혹시나 반심이 커질까 저어했던 것이죠.

양반과 탐관오리를 마음껏 조롱하고 즐겼던 탈춤이

양반 사회에서 그토록 널리 사랑을 받을 수 있었던

것도 같은 이유였답니다.

물꼬를 막아만 두면 언젠가는

터진다는 걸 알고 있었던 거죠.

뿐만 아니죠.

쥐도 구멍을 보고 쫓으라는 속담도 있고,

도둑을 쫓을 때도 도망갈 구멍을 보고 쫓으라 했지요.

사람이든 짐승이든 막다른 골목에 몰리게 되면
어떤 행동을 할지 아무도 모르기 때문이랍니다.
상대가 누구든 너무 심하게 몰아붙이지 마세요.
특히 그 상대가 나 자신이라면 더욱더…….
행여 돌이킬 수 없는 잘못을 저질렀다 하더라도
막다른 골목까지는 몰아내지 말아야 한답니다.

**첫 번째 경마에서 우연히 돈을 따는 일…….
그것은 분명 행운이지만
불행으로 이어지는 시작이 될 수도 있습니다.**

고도로 훈련된 전문 사기 도박꾼들은
우선 만만한 상대를 신중하게 골라냅니다.
그리고 바람잡이들을 동원해서 판을 벌리고
한동안은 계속 잃어주기만 합니다.
의심을 피하기 위해 가끔은 적은 돈을 따기도 하지요.
그렇게 두어 달쯤 분위기를 달궈 놓은 뒤
본격적인 판을 벌리기 시작하는 거죠.
하지만 이미 돈을 따는 맛에 길들여진 피해자는
함정인지 수렁인지 헤아릴 틈도 없이
그들이 파놓은 덫 속으로 스스로 파고들게 된답니다.
사실, 사기 도박꾼들이 제일 좋아하는 사람은
정말 어리숙하고 착한 사람들은 아니랍니다.
그런 사람들은 아무리 돈을 잃어줘도
자신이 없어서 아예 큰판에 달려들질 않으니까요.
그보다는 스스로 잘난 줄 아는 사람,
도박도 제법 할 줄 안다고
스스로 자만하는 사람이 딱이죠.

적당히 분위기만 띄워놓으면

그 뒤로는 스스로 달려드니까요.

인생은 때때로 사기꾼들처럼 우리를 속이곤 한답니다.

마치 처음 가본 경마장에서 돈을 따본 사람처럼

혹은 처음 들어간 카지노에서 대박을 맞아본 사람처럼

적지 않은 행운을 거머쥐게 하고서는

갑자기 얼굴을 바꾸어 냉랭한 현실을 들이대곤 한답니다.

하지만 어쩌겠어요, 그것이 인생인걸.

행운과 불행, 좋은 일과 나쁜 일이 섞여 있는 게

인생이잖아요.

어쩌다 행운이 몇 번 겹쳐 온다고 해서

인생이 우리를 속이려고 작정한 것은 아니거든요.

거기에 말려들고 속아서 인생을 망치는 사람은

진짜 똑똑한 사람이나 어리숙한 사람이 아니라

자기가 잘난 줄 아는 헛똑똑이들이랍니다.

혹시 생각지도 못한 행운이 겹쳐 온다면

사기꾼들을 다시 한번 생각해보세요.

**협동과 희생으로 유명한 벌과 개미,
그리고 함께 날아가는 기러기…….
더불어 산다는 게 무언지 알 것 같습니다.**

벌과 개미의 협동정신과 희생정신은
어린아이들 동화에 나올 정도로 익숙한 일이죠.
물론 익숙하다고 해서 하찮게 여길 수 없는 일이구요.
하지만 동물들의 세계를 가만히 살펴보면
벌이나 개미가 아니더라도
더불어 살아가는 지혜를 깨친 동물들이 참 많습니다.
가을이면 우리나라를 찾는 기러기도 그중 하나예요.
끼룩끼룩 V자형을 그리고 하늘을 나는 기러기 떼에는
몇 가지 우리가 알지 못하는 비밀이 숨어 있답니다.
우선 기러기가 떼를 지어서 나는 데는 이유가 있어요.
떼를 지어서 날면 혼자 나는 것보다
무려 71%나 더 오래 날 수 있답니다.
그리고 기러기가 V자형을 그리는 데도 이유가 있죠.
일종의 공기대를 만들어서
뒤따르는 기러기들이 쉽게 날 수 있답니다.
물론 맨 앞에 선 기러기는
뒤에서 나는 갈매기보다 빨리 지치는 게

당연한 일이구요.

그래서 우리가 알지 못하는 사이에

기러기는 앞뒤 자리를 때맞춰 바꿔준답니다.

뿐만 아니라 기러기들이 끼룩끼룩 우는 것도

이유가 있어요.

기러기의 울음은 자신의 위치를 알리고

서로를 격려하는 연주 같은 거라고 합니다.

그리고 마지막으로 하나 더.

떼를 지어 날던 기러기 중에서 낙오자가 생기면

그 한 마리만 내버려두는 것이 아니라

몇 마리 기러기들이 함께 남는다는군요.

원기를 회복해서 다시 긴 여행을 떠나는 경우는 물론

그냥 그 자리에서 추운 겨울을 보내게 되는 경우에도

끝까지 낙오자와 함께 한다는 거죠.

어때요, 이 정도면 우리 인간들보다 낫죠?

더불어 사는 지혜를 더 배워야 할 것 같아요.

사랑하는 그녀가 어느 날 문득
내 앞에서 살짝 방귀를 뀌었습니다.
사랑이 식은 걸까요, 내 앞에서 편해지는 걸까요?

내 앞에서는 차마 목소리조차 높이지 않던 그녀.

식사는 딱 두 숟가락만큼만 먹고

화장을 끝내기 전에는

절대로 밖으로 나오지 않았습니다.

머리는 언제나 새로 빗은 듯 자르르 윤기가 흘렀고,

옷차림은 단정함, 그 자체였죠.

그랬던 그녀가, 어느 날 문득

내 앞에서 슬쩍 방귀를 뀌었습니다.

살짝 얼굴을 붉히긴 했지만

예상보다는 너무도 태연한 그녀의 모습…….

사랑이 식은 걸까요?

긴장이 풀어진 걸까요?

이젠 내가 그만큼 편해진 걸까요?

긴장과 편안함의 그 오묘한 줄다리기는

사랑에 빠진 사람이라면

누구나 겪어야 하는 통과의례랍니다.

물에 빠진 사람은 비를 피하지 않습니다.
이젠 더 이상 몸이 젖는 것을
두려워할 필요가 없으니까요.

바닷가나 강가에서 흔히 보는 일이지만
아무리 물싸움을 잘하는 사람도
물 속에 들어가 있는 사람을 이길 수가 없습니다.
물 밖에 있는 사람은 옷이 젖지 않을까
물을 피해가면서 싸우지만
물 속에 있는 사람은 그럴 필요가 없으니까요.
진흙탕이든 물 속이든 일단 빠진 사람은
더 이상 몸이 더러워지거나 옷이 젖는 것을
두려워할 필요가 없습니다.
생전 처음 장사를 해보는 사람이나
영업 전선에 뛰어든 사람을 보면
문득 물싸움이 생각나곤 합니다.
이미 온몸이 젖을 대로 젖은 사람들은
아무것도 두려워하지 않고 나섭니다.
하지만 이제 막 장사를 시작하는 사람은
혹시 아는 사람이라도 만날까
채 버리지 못한 자존심이 젖을까 두려워

마구 나서지를 못합니다.

승부는 시작부터 결정나 있는 셈이죠.

물싸움을 하기 전에 먼저 몸을 적시듯

생존경쟁에 뛰어들려면

자존심부터 푹 적셔서 가라앉혀 주세요.

그래야 비가 오든 폭우가 쏟아지든

두려워할 필요가 없으니까요.

스스로 행복해지는 100가지 방법을 찾아보세요.
나를 위한 기도문도 만들어보고
인생이 행복해지는 10가지 원칙도 만들어보세요.

인터넷을 돌아다니다 보면

참 수많은 00가지를 만나게 됩니다.

나를 슬프게 하는 10가지.

인생을 행복하게 하는 100가지 비결.

연인을 사로잡는 20가지 원칙.

아빠의 기도, 엄마의 기도, 아들의 기도…….

좋은 말도 많고, 지켜야 할 원칙도 많습니다.

그대로 따를 수만 있다면

연인도 놓칠 필요가 없고

아이들과 다툴 이유도 없고,

다른 사람들과 아귀다툼을 할 필요도 없습니다.

인생을 그저 행복하게 살 수 있겠죠.

하지만 그 어떤 달콤한 문구도

다 남의 이야기잖아요.

나와 전혀 다른 환경을 살아온 사람의 이야기도 있고,

그거 우스갯소리로 적어 놓은 글들도 있어요.

심지어 시대도 다르고 얼굴색도 다른,

그래서 삶의 방식도 다른 나라 사람의

이야기도 있구요.

이런 이야기들을 읽고 생각하고 지키는 것도 좋지만

이제부터 자신만의 100가지, 10가지를 만들어보세요.

나를 행복하게 하는 100가지,

아내를 행복하게 하는 10가지 도우미,

남편을 행복하게 하는 5가지 칭찬의 말,

해서는 안 될 20가지 말,

인생을 아름답게 사는 10가지 비결……

내가 만들고 내가 지키는 일,

생각보다 어렵지 않답니다.

행복하게 사는 것 역시 어렵지 않구요.